スペイン
危機の二〇世紀

内戦・独裁・民主化の時代を生きる

八嶋 由香利【編著】*Yukari Yashima*

慶應義塾大学出版会

はじめに

スペイン人は長い間コンプレックスに悩まされてきた。英仏独などヨーロッパ先進諸国のたどった近代化の道筋から自分たちが「逸脱している」という劣等感である。二〇世紀初頭、スペインを代表する哲学者オルテガは「スペインが問題、ヨーロッパがその解答だ」と述べ、スペインがその後進性から脱却するためには、ヨーロッパをモデルとして政治社会の刷新を推し進めることが肝要だと主張した。ヨーロッパからの疎外感は、その後も一種の強迫観念のようにスペイン人にまとわりついた。

これは哲学、文学、芸術の分野だけではない。例えば、近現代の歴史を振り返ってみても、英仏独などが国力を強めながら植民地獲得競争に奔走した一九世紀に、スペインは逆にその広大な植民地を失っていった。敗戦につぐ敗戦は、誇り高いスペイン人のプライドを傷つけたに違いない。さらに二〇世紀に入って、ヨーロッパは二つの大戦に見舞われたが、実はスペインはそのどちらにも参戦していない。だからといってスペインが外からの影響を受けなかったわけでも、国内で平和を保ったわけでもなかった。「ゲルニカ爆撃」で有名になったスペイン内戦は「第二次世界大戦のプレリュード」と呼ばれ、家族や友人同士が殺し合う悲惨な戦いとなった。またその後に到来した長いフランコ独裁体制は、戦後復興に沸くヨーロッパから見ると、辺境というスペインのイメージをますます固定化することになった。しかし、この辺境としての面白さ、スペインという国や人が発する強烈な個性に、私たち日本人が強くひかれてきたことも事実である。

では、スペイン人が長年のコンプレックスから解放されたのはいつ頃であろうか。すでにフランコ体制下で目覚ましい経済成長を遂げていたスペインは、一九七五年の独裁者の死後に民主化を達成し、ヨーロッパの一員（当時はＥＣ）への復帰を果たした。ＥＴＡ（バスク独立を目指す武闘組織）によるテロという問題はあったが、世紀前半の暴力や貧困と比較すれば、おおむね平和と安定、繁栄を享受できたといえるだろう。一九九二年に開催されたバルセロナ・オリンピックとセビーリャ万博は、スペイン特殊論・例外論を払拭するのに役立ったかもしれない。

本書『スペイン危機の二〇世紀』は、このジェットコースターのような激しいアップダウンを経験したスペインの軌跡をたどったものである。すでに二一世紀も四分の一が過ぎようとする現在、内戦と独裁に翻弄された世代はわずかとなり、独裁から民主化への移行を経験した世代も老いつつある。逆に、若い世代は新たな危機に直面している。経済のグローバル化が生み出す社会の格差や分断状況、気候変動や環境破壊（旱魃、山火事、水不足・水質悪化など）、そして成立から半世紀が過ぎようとしている現行の民主主義体制そのものへの懐疑である。人々の不安や不満は増しているが、かつてオルテガが「解答はヨーロッパ」と言い切ったような、進歩を是とする確固たるモデルはもはやどこにもない。社会に漂う悲観主義は、植民地を失った一九世紀末のそれと似ているという声もあるほどだ。こうした先行きの見えない「現在地」から振り返ったとき、スペインの二〇世紀はどのように見えてくるのだろうか。この本はスペインの政治・社会・歴史・文学・芸術を専門とする六人が持つ最先端の知見を結集した試みである。その結果、概説書に終わることのない、斬新でユニークなスペインの二〇世紀像が浮かび上がってきた。

本書の特徴は次の二点に要約できる。（一）二〇世紀を単なる通史として描くのではなく、それぞれの時代の危機に翻弄される個人や集団のアイデンティティのあり方、その揺れや変化に着目する、（二）スペインを、国境を越えて広く外部に開かれた空間として捉え、そこで織りなされる人やモノ、情報などの移動・ネットワークに着目する、ということである。以上の共通認識に立った上で時系列の章立てとした。順に読み進めていけば二〇世紀史の流れがわかるようになっている。

第一章では、二一世紀になって勢力を伸ばしてきたカタルーニャ独立主義の運動を、一〇〇年前の二〇世紀初頭にさかのぼって、それが歴史に初めて登場してきた文脈を分析する（八嶋）。第二章は、一九七〇年代の民主化の過程で成立した「和解」の下に沈黙を強いられる人々がいたという問題意識から、二〇世紀スペインがたどった暴力の歴史を振り返る（加藤）。第三章では、内戦と亡命という歴史の激動に翻弄されながらも、ジェンダー規範を乗り越えて自立していく二人の女性作家の生涯をたどる（坂田）。第四章は、スペインの前衛芸術が内戦や独裁という危機の下で「ねじれ」を生み出しながらも、けっして押しつぶされることなく次の時代へと継承されていくさまを描き出す（松田）。第五章も前章と同じく、内戦や独裁による文化芸術の断絶と継承の問題であり、内戦の傷を負い、独裁下の検閲制度に閉塞感を抱きながらも、時代の証言者として創作活動に励んだ作家たちをとりあげる（丸田）。第六章は、政治学の理論をスペインの事例に当てはめながら、かつてモデルとされたスペイン民主化の過程を批判的に検証する（加藤）。最後の第七章では、二〇世紀から二一世紀への変化を象徴する外国からの移民流入問題をとりあげ、この新しい課題にスペイン社会がどのように対応しようとしてきたのかを分析する（深澤）。

こうした各研究者の問題意識と最新の研究蓄積や分析手法によって、本書が新しい二〇世紀スペイン像を提示することができれば幸いである。社会の変化に戸惑いながらも、危機と向き合いそれを乗り越えようとするスペイン人のたくましさ、そして自分たちの経験を記憶し、さらに次の世代へ伝えようとする真摯な努力、これらは混迷の時代に生きる私たちの心にも響くはずである。そしてこの本をきっかけに、より多くの読者が多様で奥深いスペインの歴史や文化の世界に関心を持つようになれば、これ以上の喜びはない。

八嶋由香利

二〇二三年八月

目次

第一章　自治と独立――カタルーニャ独立主義の源流

八嶋由香利

はじめに

カタルーニャはスペインを構成する一七の自治州の一つであり、地中海に面し、フランスと国境を接している。ほぼ三角形の形をした州の面積は、スペイン全土の約六・四％（約三万二〇〇〇平方キロメートル）、人口も全体の約一六％（二〇二三年暫定値、約七九〇万人）と決して大きくはないが、中世から商工業が盛んで、近代以降は北部のバスク州と共に工業が発展し、スペインのなかで最も豊かな地域の一つとなっている。イベリア半島のほぼ中央に位置する首都マドリードとその周辺のカスティーリャ地方とは、気候・風土、言語、文化、歴史などを異にしている。自分たちの言語（カタルーニャ語）や文化に対する強い愛着や自負から、しばしばスペインの歴史を揺るがすような事件を起こしてきた。
カタルーニャの中心都市バルセロナに筆者が留学していたときの話である。旅行代理店に勤める友人宅に電話をすると、彼女の祖母から「孫は国外《フエラ・デル・パイス》へ行っているよ」と言われた。てっきりパリかローマだろうと思っていたら、後で「マドリードに行ってたのよ」と笑われた。そうかバルセロナの人にとってマドリードは「国の外＝外国」なのだとそのとき気づいた。カタルーニャの人々がスペインという国に対して抱く感情には複雑なものがあり、日本人には即座に理解できない場面に出くわすことがある。

ここに二枚の写真がある（図１・２）。どちらもカタルーニャのナショナル・デー《ラ・ディアダ》である九月一一日の風景を切り取ったスナップだ。一つは筆者がバルセロナに初めて留学した一九八五年の古い写真、もう一つは二〇一八年という比較的最近のものである。九月一一日とは、スペイン継承戦争中の一七一四年に、バルセロナがスペイン王であるフェリペ五世軍によって陥落した日で、民族的な屈辱の日としてカタルーニャの人々に記憶されている。少々色あせた一九八五年の写真では、老いも若きもサニェーラと呼ばれるカタルーニャの正式な州旗（金色地に赤の四本線）を手にし、自転車の子犬も旗で飾られて、どことなくのんびりとした風情を漂わせている。当時は独裁者フランコの死去から一〇年、民主的なスペイン憲法の施行後、カタルーニャの自治憲章が制定されて六年が経ち、翌年にはヨーロッパ連合（当時はＥＣ）への加盟も決まっていた。少数の過激な独立派による事件が散発的に起きていたが、一般市民は民主化したスペインのなかにカタルーニャの明るい未来を夢見ていた時代でもあった。

同じナショナル・デーでも、二〇一八年の写真で多くの人が手にしているのは、サニェーラではなくアステラーダと呼ばれる独立旗である。カタルーニャの自由と独立を象徴する星が描かれている。かつてののんびりしたお祭り気分は薄れ、より組織的な示威運動が展開されるようになった。二一世紀に入ってからのカタルーニャ人のナショナルな意識の急進化・先鋭化は、正直なところ筆者には意外であった。フランコ後の民主化の過程で、人々の関心は自治権の獲得・拡大に向かい、独立を主張する勢力は選挙でわずかな票しか獲得できない時代が長く続いたからだ。軍事独裁を克服し、まがりなりにも民主化を達成し、ＥＵにも加盟したスペインのなかで、カタルーニャが新たな独立国家をつくることにどのような意味があるのだろうか。二一世

図１　1985年のナショナル・デー（筆者撮影）

図２　2018年のナショナル・デー（筆者撮影）

紀を間近にして、独立派がスペイン内戦前のような関心を集めることはもはやないだろうと思っていた。しかし、消えかけたかに見えた独立主義は地下で細々と水脈を保ち、二一世紀に入ってから再び水嵩を増して地上に噴き出してきた。二つの写真を隔てる三十余年間に、カタルーニャを取り囲む世界は大きく変わり、それに伴ってスペインの政治体制に対する人々の意識も変化したようだ。

以上のことは、一〇〇年前に遡って、カタルーニャ独立主義が初めて登場した歴史的文脈を検討し直す必要を感じさせた。カタルーニャ人の独立への志向性は、どのような条件の下で強まり、自治に取って代わっていくのだろうか。彼らのナショナルな意識の先鋭化は、近代国家スペインの政治的安定や危機とどのような関係にあるのだろうか。そして、キューバなどスペインの旧植民地の存在は、このカタルーニャ・ナショナリズムの展開にどのような影響を与えたのであろうか。本章ではこのような視点から、スペイン内戦前の分離独立主義《セパラティズマ》を象徴するリーダーであったフランセスク・マシア（カタルーニャ語ではマシアー）に着目し、彼の足跡を追いながら、カタルーニャの自治や独立を求める動きがどのような歴史的文脈のなかで登場し、絡み合い、そして展開していったのかを見ていきたい。

一　スペインの国家危機とカタルーニャ・ナショナリズム

1．一八九八年のアイデンティティ危機

一六世紀に「太陽の沈まぬ国」と呼ばれたスペイン帝国は、一九世紀前半にはアメリカ大陸の領土が独立し、キューバやプエルトリコ、フィリピンといった島嶼部とアフリカのわずかな領域が残されるだけになっていた。英仏などヨーロッパ列強は、国内で国民統合を進めながら、海外で新たな植民地獲得競争に乗り出していた。一方、スペインの強権的な支配下にあったキューバでは、一九世紀後半から独立戦争が勃発し、スペインの植民地支配は行き詰まった。そして、世紀末の米西戦争における敗北でついに破綻した。ほぼ同じ時期カタルーニャやバスクなどスペインの周縁部では、地域主義《レヒオナリスモ》の動きが活発化していた。一九世紀後半から二〇世紀にかけて、スペインの植民地支配と国内の国民意識の形成、そしてこれらに対するカタルーニャなど周縁地域の人々のナショナルな意識はどのような関係にあったのだろうか。

スペインでは一九世紀初頭の対ナポレオン戦争後、自由主義者たちが絶対主義勢力を抑えつつ、(1)一八三四年に議会制を導入した。彼らはスペインがネーションであるという理念の下に、近代的な国家の整備に着手した。その結果、首都マドリードへの行政の中央集権化が進むが、これはカタルーニャにおいてカスティーリャ化と受け止められ、警戒感が高まった。固有の言語や伝統的文化を守ろうという意識から、一九世紀半ばに文芸復興運動（カタルーニャ・ルネサンス）が盛り上がり、さらにカタルーニャ主義《カタラニズマ》と呼ばれる民族主義的な主張や運動も発展した。しかし一九世紀には、カタルーニャ人の多くが、まだ自分をカタルーニャ人であると同時にスペイン人でもあると認識し、この二つの帰属意識の間に深刻な対立は生じていなかった。スペインの歴史家フラデーラは、このような心理状態を「二重の忠誠心」「二重の愛国主義」と呼んでいる（Fradera, 1999）。

一九世紀末になると、こうした「二重の愛国主義」に変化が生じる。スペインは一八九八年に米西戦争で敗北し、ほぼすべての海外領土を喪失した。これは「大破局《エル・デサストレ》」と呼ばれ、国民国家としてのスペインに疑問符を突きつけることになった。国民の間にはマドリード中央政府に対する失望が広がり、スペインを再生させるために思い切った政治社会の改革が必要だとする刷新運動（再生主義《レヘネラシオニスモ》）が各地で提唱された。砂糖と原綿を商うキューバ・北米との貿易に依存してきたカタルーニャでは、植民地市場の喪失は特に深刻に受け止められた。この危機意識は、それまで文化的性格の強かったカタルーニャ主義を一気に政治運動の次元へと押し上げることになった。

カタルーニャ主義は、もともと連邦主義や伝統主義といった多様な要素を含んでいただけに、様々な対立を内包していた。それを簡潔な言葉と論理で整理したのが思想家プラット・ダ・ラ・リバ（一八七〇〜一九一七年）である。それまであまり区別されることのなかった「国家」と「ネーション」について、彼は次のように主張した。スペインは複数のポッブラ（人民・民族）から構成される政治的・人為的な構築物としての国家であるが、ネーションではない。ネーションとは、人間の意志を超えたより自然で有機的な共同体であり、壊すことも傷つけることもできない。カタルーニャというポッブラこそネーションとしての資格を持ち、われわれの祖国なのだ、と。プラット・ダ・ラ・リバのネーション観は、本質主義的、非歴史的な性格を帯びている。彼の立場は、スペインをネーションと規定したカディス憲法（一八一二年）以来のスペインの国家観を否定するものであった。ここに、カタルーニャは新たなネーションとして、スペインと競合する位置を与えられた。

2. カタルーニャ主義政党の登場

一九世紀末にスペインが植民地を喪失したことは、英仏などの帝国主義列強へ追いつこうとしてきたカタルーニャのエリートにとってもショックであった。思想家プラット・ダ・ラ・リバを中心に、それまでの非政治主義的立場を捨てて、スペインの政治に積極的に介入すべきだという意見が強まった。経済力をつけたカタルーニャは、それに見合った政治力を得る資格があり、今こそ遅れたスペインの先頭に立ち、国家の近代化とヨーロッパ化を推進すべきだという立場であった。こうした主張は知識人や学生、弁護士や公証人、新聞記者、医師などの自由業者の間に受け入れられ、さらに王政復古体制（第一共和政倒壊後に復活したブルボン王政）に協力的であった商工業ブルジョワジーにも浸透していった(2)。商工業者たちは、失われた植民地市場に代わって国内市場を整備しスペイン国民の購買力を底上げすることが、自分たちの経済的利益にかなうと考えた。こうして、カタルーニャ主義者と商工業ブルジョワジーの協力がなり、一九〇一年に地域主義連盟《リーガ・ラジオナリスタ》〔以下リーガと略記〕という新たな政党が誕生した。リーガはカタルーニャ語の公用語化や自治を要求として掲げた(3)が、社会的には保守・カトリックの色彩が強かった。

リーガという新たなカタルーニャ主義政党の出現は、スペイン中央政界を大いに驚かせ警戒させた。まだキューバやフィリピンの喪失が苦い記憶として残るなか、祖国スペインの統一が再び乱されることを恐れたのだ。リーガは自分たちを「分離主義ではない」と弁明したが、マドリードの政治家や新聞各紙は「隠れた分離主義者」「一種の神経的病」「アンチ・スペイン」と一斉に攻撃した。今度はカタルーニャ問題が、キューバ問題に代わる新たな頭痛の種として、スペインの政治家たちを悩ませることになった。

一九〇五年、バルセロナのリーガ系週刊誌『ク・クット！』に、米西戦争でのスペイン軍敗北を揶揄する漫画が掲載された。スペイン軍将校の一部がこの漫画に激怒して、雑誌の印刷所などを襲撃するという事件が起こった。これは「ク・クット!事件」と呼ばれ、政府は裁判権管轄法という厳しい処罰法を制定して、カタルーニャ民族主義の盛り上がりを抑えようとした。しかし、今度はこれに対する抗議行動が市民の間に広がって、やがて階級や党派を超えた選挙協力の枠組み「カタルーニャの連帯」が結成されるに至った(4)。リーガ主導の下に結成されたこの組織は短命で終わったが、カタルーニャの人々の政治的関心を高め、民族的な意識を覚醒させた。そして、この運動のなかから、後にスペインからの分離独立を主張するフランセスク・マシアが登場する。

3. フランセスク・マシア——軍人から国会議員へ

カタルーニャ分離独立派の領袖として知られるフランセスク・マシアは、一八五九年に地中海沿岸の港町ビラノバ・イ・ラ・ジャルトルーで生まれた。この町はキューバへの移住者を多く出し、「リトル・ハバナ」と呼ばれていた。マシアの両親はこの町で商売を営んでいたが、彼は軍人としての道を選び、グアダラハラの士官学校に進学する。卒業後は出身地とつながりの強いキューバへの赴任を希望したがかなえられず、スペイン本国内で橋や鉄道、電信ケーブルの敷設を専門とする工兵将校として中佐まで務めた。

マシアは祖国スペインへの忠誠を誓った軍人であったが、やがて政治の世界へ入っていく。きっかけは「ク‐クット!事件」であった。政治的に中立であるべき軍が、「反カタルーニャ」という党派的な態度で印刷所を襲撃したことが、マシアには許せなかった。事件に関わった将校の行動を糾弾したため、彼は軍内部で分離主義者として非難され、孤立した。北部のカンタブリアへ配属転換を命じられたマシアは軍を去り、一九〇七年に「カタルーニャの連帯」から国政選挙へ出馬した。選挙区は内陸レリダ県にあるボルジャス・ブランカスという伝統主義勢力の強い自治体であったが、そこのカシーケ（地方の政治ボス）を破って当選した(5)。

国会議員としてマドリードへ向かったマシアであったが、当時の議会は全国規模の二大政党（保守党・自由党）によってほぼ独占され、カタルーニャ主義の議員は少数派にすぎなかった。マシアは議会での仰々しい演説や事なかれ主義に辟易した。しかし、自分の選挙区の農産物（オリーブ油や蒸留酒）の輸出から軍隊改革まで、あらゆる問題について調査し、政府の政策を厳しく追及した。彼の遠慮ない発言は他の議員のひんしゅくを買い、穏健なリーガの議員たちがなだめに入ることもあった。

マシアは無所属の議員であったが、「各地方の自治がスペインを救済する唯一のものである」との考えから、当初はリーガと行動を共にした（Alavedra, 1993）。しかし一九一〇年代に入ると、あくまで体制内で問題を解決しようとするリーガの姿勢にマシアは疑問を抱き始めた。当時、議会ではカタルーニャ四県の県議会を一つに統合する案が審議されていたが、王党派のみならずスペイン共和派のなかにも抵抗感が強く、審議の進展は見込めなかった。[6] リーガの指導者フランセスク・カンボ（一八七六〜一九四七年）は「すべては議会において決されるべきだ」と主張したが、マシアは、中央政府からの「施し」としてカタルーニャの自治を受け取ることに我慢ができなかった。カタルーニャの諸権利は自分たちの手で勝ち取るべきであると考えたのである。

4．独立旗「アステラーダ」、キューバに誕生

二〇世紀初頭からの政治的カタルーニャ主義の盛り上がりは、スペイン国外に暮らすカタルーニャ人にも影響を及ぼした。その一つがキューバであった。この島は一八世紀後半から一九世紀にかけて、カタルーニャがアメリカに商業進出する際の最も重要な移住先で、カタルーニャとの間には人や物、

資本、情報のネットワークが緊密に張りめぐらされていた。さらにキューバは、スペインの植民地支配を断ち切って、一九〇二年に独立を達成した国でもあった。政治的支配者としてのスペイン人が消えると、島に暮らすカタルーニャ人の間で、カタルーニャの言語や文化の保護・維持を目的とした団体が設立されるようになった。それまでスペイン国旗の陰に隠れていたカタルーニャ人としてのアイデンティティが表出し始めたのだ。スペイン国内と違ってキューバでは、カタルーニャの独立を叫んでも政治権力に弾圧されることはなかった。こうした事情から、「ク‐クット!事件」後、スペイン政府がカタルーニャ主義への締めつけを強化すると、急進的ナショナリストの一部がキューバへ逃れてきた。

　カタルーニャ人移民のなかには、キューバ独立革命を自分たちが見倣うべき先行モデルだと考える傾向があった。したがって、カタルーニャ主義者の主催する行事では、キューバのナショナルなシンボルやイメージが借用され、キューバ人への連帯が示された。キューバ国旗がカタルーニャの旗と共に掲げられ、一八六八年の第一次キューバ独立戦争の始まりを告げる「ヤラの叫び」(一〇月一〇日)が祝われ、セスペデスやホセ・マルティなど反スペイン闘争の英雄たちに対するオマージュが捧げられた。式典はキューバ国歌「バヤモの歌」で始まり、最後は「刈り取り人たち《アルス・サガドース》」で締めくくられた。この歌はカタルーニャで一七世紀に発生したカスティーリャ王権に対する農民反乱を題材にしたもので、現在カタルーニャ州歌となっている。カタルーニャ主義者の活動に対してスペイン領事館からは抗議が出されたが、キューバ政府は彼らの活動に寛容であった。そもそもキューバ・ナショナリズムには「反スペイン」という要素が組み込まれていたのである。

カタルーニャ独立のシンボルであるアステラーダが、公の場で最初に掲げられたのもキューバであった。一九〇二年、後にキューバの初代大統領となるトマス・エストラーダ・パルマが、東部のサンティアゴ・デ・クーバにあるカタルーニャ人移民組織を表敬訪問した。そのとき、歓迎のために掲げられたキューバ国旗のそばに、新しいカタルーニャの旗が翻った（図３）。それは旗の中央の青い菱形のなかに白い五芒星が配置されたデザインであった（Rubiralta, 2017）。この初期の独立旗はカタルーニャにも伝えられ、バルセロナ生まれのビセンス・A・バリャステー（一八七二〜一九三八年）の手によって星の位置を変えられて現在の独立旗となった。彼は若い頃から商船の船長として大西洋を往来し、キューバと関わりの深い活動家であった。

図３　独立旗（アステラーダ）初期のデザイン

バリャステーが考案した独立旗は、第一次世界大戦の勃発を契機に、カタルーニャの一般市民の目にも触れるようになった。大戦が勃発すると、スペインは中立を保ったが、カタルーニャの分離独立派は、連合国（英仏）側で戦うために、義勇兵（九〇〇〇名程度）を組織した。このとき、若者の入隊を促すために独立旗が使われたのである。彼らは仏外人部隊に編入されたが、戦場で兵士を鼓舞し、他の外国人部隊と区別するためにも独自のシンボルを必要としたのだった。

第一次世界大戦末期、アメリカのウィルソン大統領が発表した一四カ条の平和構想における民族自決原則は、オーストリア＝ハンガリー帝国やオスマン帝国などの支配の下に置かれていた諸民族に希望を与えたが、スペイン国家の下で抑圧的な状況に置かれていると考えるカタルーニャのナショナリストも例外ではなかった。カタルーニャ問題を一九一九年のパリ講和会議で取り上げてもらうためにキャンペーンが展開された。しかし、パリでこの問題が取り上げられることはなく、カタルーニャ市民の間には失望が広がった。そして一九二〇年代に入ると、この独立旗をシンボルに掲げる新しいナショナリスト組織が誕生する。

5．分離独立派組織「アスタット・カタラ」の結成

第一次世界大戦の勃発は、一八七六年以来続いてきたスペインの王政復古体制を揺るがした。スペインは戦争の当事国ではなかったため、一時的な好景気に沸いたが、物価高騰や食料不足で市民生活は打撃を受け、労働者によるストライキが頻発した。軍や議会からも政治の行き詰まりを打開する声が高まり、一九一七年に深刻な政治危機が発生した。このとき、政治改革の音頭をとったのが、カタルーニャ主義政党リーガの指導者カンボであった。彼は憲法改正などを共和主義や社会主義の国会議

員らと共に訴えて「上からの革命」をめざそうとした。しかし、労働者勢力がゼネストを発動して治安状況が急速に悪化すると、その立場を後退させて、最終的に中央政府と妥協する道を選んだのである(7)。すでにカンボの政治姿勢に失望していたマシアは、この一連の危機を通してリーガに対する批判をさらに強めていった。

第一次世界大戦やロシア革命の勃発は、スペインにおいても暴力的手段を容認する社会風潮を生み出した。当時、若い好戦的なカタルーニャ・ナショナリストがモデルとしたのが、アイルランドの民族蜂起である。一九一六年にダブリンで発生した独立を求める武装蜂起（イースター蜂起）はイギリス政府によってすぐに鎮圧されたが、蜂起の首謀者たちが処刑されたことで、かえって民衆の反英感情は燃え上がった。その結果、対英独立戦争が始まり、二二年に北アイルランドを除く地域の独立が実現した。カタルーニャの独立派にとって、かつての植民地キューバやフィリピンで民衆を巻き込んで展開された独立戦争よりも、同じヨーロッパ内で強大なイギリスという国家に立ち向かったアイルランドでの民族闘争の方が、自分たちの政治的現実により即したモデルと感じられた。カタルーニャの急進的若者のリーダー格であったダニエル・カルドーナ（一八九〇〜一九四三年）は、自分を「アイルランド人」と呼んでいた。

選挙を通して自分の主張を社会に浸透させることに限界を感じていたマシアは、このような急進的グループを取り込もうと、カルドーナたちに接近していった。バルセロナで活動する急進派の多くはカタルーニャ内陸から出てきた若者で、商店や作業場で従業員や見習いとして働いていた。カタルーニャの外から来たスペイン人労働者を「よそ者」とみなし、自分たちは彼らとは異なるという意識を抱いて、小さなグループをつくって活動していた。マシアの名は、リーダーを求めていた急進的な若者の間で知られていった(8)(Castells, 2007)。

一九二二年、カタルーニャで最初の分離独立派組織アスタット・カタラがマシアの下に結成された。アスタット・カタラとは「カタルーニャ国家」という意味で、政党ではなく準軍事組織であった。バルセロナだけでなく、マシアの選挙区ボルジャス・ブランカスや各地の急進派グループも参加した。カルドーナら急進派はマシアの国会議員としての身分が、自分たちの活動の「隠れ蓑」として役立つことを期待していた。アスタット・カタラは独立旗をシンボルとし、スペイン内戦前のカタルーニャ分離独立派の運動において重要な役割を果たすことになる(Rubialta, 2017)。

アスタット・カタラの首領となったマシアは、ブルボン王政スペインとの関係を絶ち切って、カタルーニャが独立を達成する必要があると主張した(9)。彼は精力的にカタルーニャ各地を遊説し、集会を開いた。キューバの仲間への手紙には「自分よりも雄弁な活動家が手分けをして各地を回っているのに、ぜひとも私に来てほしいという要請が絶えず村々から来る。肉体的にきついが、精神的には高揚している」と語っている(Alavedra, 1993)。マシアは背が高く細身で、どこか騎士的風貌を漂わせていたので、村人にも女性にも人気だった(Conagla, 1956)。彼はこのときすでに六三歳、頭には白髪が混じり、若い支持者からはアヴィ（おじいちゃん）と呼ばれていた。

しかし、マシアの運命は突然暗転する。彼がアスタット・カタラで活動を続けていた一九二三年九月、カタルーニャ軍管区司令官プリモ・デ・リベーラ将軍が軍事蜂起した。ちょうど議会では北アフリカにおけるスペイン軍大敗（一九二一年のアンワール敗北）の責任が追及されており、もはや軍の独裁によってしか王政を維持することができなかったのである。カタルーニャに戒厳令が敷かれ、マシアは身の危険を感じて密かに小舟でフランスへ脱出した。行く手には長い亡命生活が待っていた。

二　国境を越える分離独立派のネットワーク

1．フランスでの蜂起計画

一九二三年にクーデタで政権を握ったプリモ・デ・リベーラは、憲法を停止して議会を解散させ、ここに半世紀近く続いた議会政治が幕を閉じた。カタルーニャのブルジョワジーと彼らを支持基盤とするカタルーニャ主義政党リーガは、軍事独裁を支持した。それは労働運動への弾圧とカタルーニャの経済的利益の保護を期待してのことであった。しかし、プリモ・デ・リベーラは「一つの、偉大な、不可分のスペイン」というスローガンを掲げ、やがてカタルーニャ主義を抑圧する姿勢を鮮明にしていった。カタルーニャ語やカタルーニャ旗は公の場での使用が禁止され、カタルーニャ主義団体も解散に追い込まれた。リーガは自治追求というカタルーニャ全体の利益よりも、労働運動の解体という階級的利害を優先させたと批判され、カタルーニャ主義政党としての信頼性を低下させた。リーガの指導者カンボは政治の表舞台から身を引いた。だが、カタルーニャ語や民族的シンボルへの締めつけは、かえって独裁体制への反感をかき立てることになった。王党派の右翼政治家カルボ・ソテーロは、政治的カタルーニャ主義が陰るなか、人々の心に「倫理的な分離主義」が広がっていると懸念を表明した（Balcells, 2004）。

一方、フランスに逃れたマシアはパリに拠点を置き、プリモ独裁打倒のためにあらゆる政治・社会勢力と接触して協力の可能性を探った。ソ連にまで出かけて支援を要請したが、期待した成果を上げることはできなかった。結局、独力でカタルーニャを独裁から解放することを決意する。蜂起には武器・弾薬が必要であったが自己資金だけでは到底足りず、アメリカ各地の支持者に協力を求めることにした。マシアの念頭にあったのはアイルランド独立運動の英雄デ・ヴァレラであった。デ・ヴァレラはアメリカ合衆国のアイルランド移民から多大な支援を受けていた。一九二五年、マシアは資金調達のため「パウ・クラリス債」という[10]、独立後に国債に転換される債券を総額八六五万ペセタ発行した。債券の売れ行きは期待したほどではなかったが、それでも一九二三年から三〇年までの間、アメリカ大陸からマシアに渡った資金は総額三万二六五ドルに上った。特にハバナとブエノスアイレスからの送金が最も多く、合計すると全体の七割を超えていた（Ferran Oliva, 2005）。

マシアは一九二六年一一月初頭、プリモ独裁打倒のために蜂起計画を実行に移した。武器を隠していたフランス南部に移動して、そこからピレネー国境を越えてスペイン側のカタルーニャに侵入する計画であった。しかし、仏警察が事前に情報をつかんで介入し、マシアたちはピレネーのプラ・ド・モロという村で逮捕された。彼らはパリに護送され、裁判にかけられることになる。しかし、これがカタルーニャ問題を国際的に喧伝するまたとないチャンスになった。フランスのメディアは「カタルーニャ人の陰謀」としてこの事件を書き立て、著名な弁護士が裁判を引き受けてくれたこともあって、仏世論の関心は一層高まった。マシアは「裁かれるべきはわれわれではなく、スペインの独裁」だと主張した（Castells, 2007）。判決は、武器を所持したことに対する罰金と二カ月の禁固刑であった。刑期を終えると、マシアたちは唯一受け入れを許可してくれたベルギーへ亡命した。

2. マシアの南米巡行

マシアの蜂起は失敗したが、カタルーニャ問題を国際化したとして、彼に対するカタルーニャ内外での評価は高まった。しかし、いつ祖国に戻れるか分からなかった。マシアの不安定な亡命生活を物心両面で支えたのが、アメリカ各地で移民として暮らすカタルーニャの独立主義者たちであった。マシアはアメリカでの支持拡大と資金の獲得、分散する独立派グループをまとめあげるためにアメリカ大陸行きを決意した。

マシアの最初の目的地はアルゼンチンであった。この国では一九二〇年代以降、各地のカタルーニャ人移民の間で独立派グループが結成され、彼らの間でマシアを受け入れる準備も進められた。しかし、スペイン政府の外交的圧力によって、アルゼンチン政府からは入国許可が下りなかった。そこでマシアは、亡命先のフランスで知り合ったナショナリスト詩人であるバントゥーラ・ガッソルを伴って、まずは船でウルグアイに向かうことにした。一九二八年初め、およそ一〇カ月にわたる長い旅を開始した。旅費はアメリカの支援者たちが負担した。

ウルグアイのモンテビデオに到着後、二人は支援者の手配した小舟で国境の川を渡り、アルゼンチンに密かに入国した。しかし、すぐに逮捕されてウルグアイへ送還された。再度の入国を試みると、今度は直ちにアルゼンチンの裁判所に亡命保護を申請した。裁判所がこの亡命申請を却下すると、ブエノスアイレスでは抗議の声が沸き上がり、大河を小舟で渡るというロマンチックな冒険譚も相まって、彼らの行動は連日新聞で報じられた。結局、連邦議会が介入して裁判所の決定を覆し、彼らはアルゼンチンに滞在することを認められた。

行動の自由を得たマシア一行は、ロサリオ、コルドバ、メンドーサなどアルゼンチン各地を訪れて、行く先々で熱狂的な歓迎を受けた。講演会や食事会などいずれも盛況であった。アルゼンチンで暮らすカタルーニャ人にとって、マシアは「自分たちがカタルーニャというほとんど忘れられた祖国《パトリア》の一員であることを思い出させてくれる」存在であった（Rocamora, 1991）。

およそ五カ月間アルゼンチンに滞在した後、アンデス山脈を越えて隣国のチリに入った。しかし、ここではアルゼンチンのような自由は認められず、警察の監視下に置かれ、首都のサンティアゴに入ることも許されなかった。仕方なく滞在を一週間あまりで切り上げ、チリのバルパライソから船に乗り、キューバのハバナへと向かった。

3．キューバのカタルーニャ主義者たち

キューバはアルゼンチンと並んで、マシア支持者が多い国であった。島ではカタルーニャ独立派グループ間の連携が進み、一九二二年には連合組織が結成されていた。その中心となったのが、サンティアゴ・デ・クーバのサルバドール・カルボネイ（一八八二〜一九六八年）とハバナのジュゼップ・コナングラ（一八七五〜一九六五年）である。この二人について簡単に紹介しておこう。

島の東端に位置するサンティアゴ・デ・クーバは、カタルーニャ人がキューバに商業進出する際の拠点となった港町で、急進的なカタルーニャ主義の活動も早くから盛んであった。カルボネイはキューバ生まれだが、幼少期をバルセロナで過ごし、キューバとカタルーニャ間を何度か行き来しており、「カタルーニャの外で生まれた最もカタルーニャ的なカタルーニャ人」と評された（Rubiralta, 2017）。彼は「ク・クット！事件」が発生し「カタルーニャの連帯」運動が盛り上がったときに、バルセロナに滞在していた。急進派の活動家たちとの交流を深め、サンティアゴ・デ・クーバに戻ってから一九

○七年に「カタルーニャ。急進的ナショナリスト・グループ」(通称グロップ)という組織を結成する。グロップはキューバで最初のカタルーニャ独立派組織であり、マシアの率いるアスタット・カタラに継続的な資金カンパを行った。

キューバの首都ハバナで、カタルーニャ独立派の中心となったのはコナングラであった。彼はカタルーニャ内陸のモンブランクで生まれ、弁護士になるための勉強をしていたが、第二次キューバ独立戦争が勃発した一八九五年、軍による徴集で突然キューバへ派兵された。彼はキューバでスペイン兵として戦った経験を手記にしたためているが、後に『私のキューバ青春記』として刊行された(Conangla, 1998)。そこには自らの不運を嘆きつつも、文学(詩)を通して島の人々との交流を深めていく様子が描かれ、やや感傷的な自作の詩が添えられている。無益な戦争に走ったスペイン国家への怒り、わが身が戦争に無理やり巻き込まれてしまったことへの無念さが読み取れる。彼にとっての救いは、後方部隊に配属されたおかげで、キューバ人兵士と直接戦わずに済んだことであった。戦争が終わると一度は本国に引き揚げたが、数年後に「生活の自由度がより大きく、資産的にもより豊かな新しい土地に自分の将来を探す」ためキューバに戻ってきた。そして、一九〇八年に仲間と共に『新しいカタルーニャ《ラ・ノバ・カタルーニャ》』紙を立ち上げた。一九二二年にはハバナの移民組織内で彼を中心にした独立派クラブが密かに結成された。

南米巡行を終えてキューバに到着したマシア一行は、カタルーニャ人移民の熱い歓迎を受けながら、ハバナから東に向かい、カマグエイ、サンティアゴ・デ・クーバを回って、再びハバナに戻ってきた。マシアはブエノスアイレスの仲間への手紙で「キューバ人の熱狂ぶりを、君たちは想像できないだろう。新聞、民衆そして公的機関までが（熱狂ぶりを）示してくれた。確かにハバナの公的機関は、外交関係を考慮してあまり表に出さなかったが、他の町ではどこでもわれわれの政治的行事に代表を送ってきた」と述べている。またキューバの独立戦争の元兵士たちが、自分たちカタルーニャ人と同じくらい反スペイン的で独立主義者だとも指摘している（Castells, 2007）。

一九二八年九月三〇日から一〇月二日にかけて、マシアはハバナで独立派の国際会議を主宰した。この会議は「制憲議会」と呼ばれたが、それはこの会議で暫定的な「カタルーニャ共和国憲法」が承認されたからである。憲法の条文は会議が開催される前からコナングラたちによって練り上げられてきた。これは、第一次キューバ独立戦争中の一八六九年に、グアイマロという町に反乱軍や独立派が集まったとき、キューバ共和国憲法が発布された歴史的先例にならっている。

会議では、カタルーニャ独立革命党の設立が決議された。これはキューバ独立革命の英雄ホセ・マルティがアメリカ合衆国で創設したキューバ革命党をモデルにしていた。世界中に散らばる独立派組織を結集するために、堅固な政治的信条と方向性を持つ政党が核として必要であるとされたのである。

このように、ハバナにいるカタルーニャ独立派の間では、スペインから最初に独立を勝ち取ったキューバをモデルにするべきという考えが強かった。

三日間の討議を終えると、マシアはキューバを後にし、さらに北米（ニューヨーク）をまわって、一〇月中旬ベルギーに戻ってきた。南北アメリカ巡行はマシアにとってもアメリカ大陸各地のカタルーニャ主義者にとっても、双方に満足のいくものとなった。しかし、これが大西洋を挟んだ両岸の信頼と協力関係の頂点だったとは、おそらく誰も予想していなかったに違いない。

4. 信頼から失望へ

ベルギーに戻ってきたマシアだが、ハバナ「制憲議会」での合意を実行に移すことはできなかった。カタルーニャにある独立派組織アスタット・カタラのメンバーが反発したからである。特に不満が強かったのは、アスタット・カタラを解体してカタルーニャ独立革命党に再編するという案に対してであった。カタルーニャのメンバーは、自分たちの組織名に対する愛着や誇りを持っていただけでなく、キューバ革命運動よりアイルランドの民族蜂起をモデルにしたいという気持ちが強かった。キューバで語られる革命党や憲法は、カタルーニャでは弱小勢力にすぎないという自分たちの置かれた政治的現実とかけ離れた、どこかユートピア的な響きを持っていた。また、アメリカ各地の独立派組織と一つになることで、カタルーニャにおける自分たちの活動が、外からの干渉を受けやすくなるという懸念もあった。

マシアがヨーロッパに戻って以降、彼とハバナの支持者たちとの音信は途絶えがちになった。ハバナのコナングラは運動再編の進捗状況を尋ねる手紙を何度も出したが、マシアからの返事はなかった。ようやく彼から手紙を受け取ったのは、ハバナ「制憲議会」から一年以上も経過した一九二九年一〇月九日であった。マシアはカタルーニャとアメリカの双方が受け入れられる妥協案を提示した。カタルーニャ独立革命党を一種の連合組織あるいは統一戦線と位置づけ、同時にアスタット・カタラの組織名を残すというものである（Conangla, 1956）〔以下、マシアとハバナ間の手紙のやりとりはこの史料から引用〕。ハバナの独立派は、「制憲議会」での合意が反故《ほご》にされたことに不快感を抱いたが、結局のところ闘争の舞台はカタルーニャであり、アスタット・カタラの首領であるマシアの方針に従うしかなかった。一方、ハバナで承認された「カタルーニャ共和国憲法」の行方であるが、これは結局放置されたままとなった。アスタット・カタラ内部だけでなく、アルゼンチンなど他のアメリカにおける独立派のなかにも、カタルーニャ憲法は本来独立が達成された暁に起草されるべきだという意見が強かったからである。

カタルーニャを脱出して六年が経ち、七〇歳のマシアは長い亡命生活にいら立っていた。一九二九年秋、ハバナへ宛てた手紙では、自分がカタルーニャに戻り、直接かつ継続的に事に当たらなければ自分たちの力を組織化することはできない、と焦燥感を募らせている。

一九三〇年一月、長期化する独裁にスペイン国民は倦み、プリモ・デ・リベーラは辞任した。独裁を容認してきた国王も国民の信を失っていたので、共和政を樹立する機運がこれまでになく高まっていった。マシアをめぐる状況も急速に変化していく。同年八月には、共和各派や社会主義者など王政に反対する勢力が結集してサン・セバスティアン協定が結ばれた。カタルーニャの独立派組織アスタット・カタラもこれに参加したが、最も議論が紛糾したのがカタルーニャ問題であった。マシアは亡命生活のなかで、体制を変革するためには他の政治勢力と共闘する必要があると感じていた。そのためには、カタルーニャ独立という大義を一時棚上げにすることもやむなしと考え、代わりに来《きた》るべき共和国議会でカタルーニャの自治憲章案を審議するという約束を取りつけて妥協した。これはスペインの他の政治勢力にとってぎりぎりの譲歩であったが、アスタット・カタラにとっても大きな方針転換を意味した。あくまでも民族的な蜂起主義にこだわる強硬派のカルドーナたちは、サン・セバスティアン協定は「よそ者との協力」であると反発し、九月に別グループを結成してマシアから距離を取り始めた。

5．キューバの独立派との決裂

一九三一年二月、マシアは七年あまりの亡命生活を終えてカタルーニャに帰還した。フランス国境からバルセロナへ至る沿道には多くの人が出迎えた。彼はカタルーニャの人々が武装蜂起という過激な手段ではなく、選挙による体制変革を望んでいることを肌で感じ取った。そして四月の市町村議会

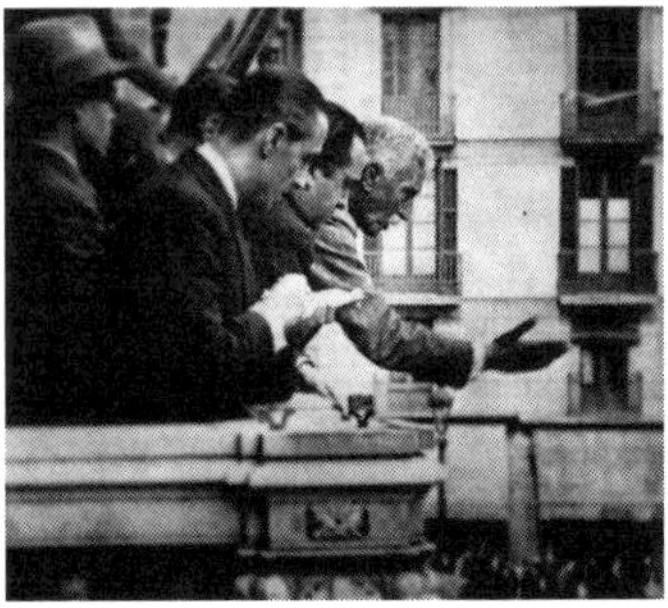

図４　カタルーニャ共和国の宣言をするマシア（El Nacional. cat より）

選挙を前に、「カタルーニャ共和主義左派」（以下ＥＲＣと略記）を立ち上げ、党首に就任した。それまでばらばらだった左派系政党やグループが反王政、反リーガでまとまったのである。「狂人」「時代遅れ」「ユートピア的」と陰口をたたかれてきたマシアが、いまやカタルーニャ主義運動の主導権を穏健派リーガから奪い取ろうとしていた。

同年四月一二日、選挙で共和派が圧勝すると、国王アルフォンソ一三世は国外に亡命した。カタルーニャではマシアの政党ＥＲＣが圧勝した(11)。四月一四日午後、「くたばれカンボ！　マシア万歳！」という歓声と、共和政到来を喜ぶマルセイエーズの歌声が響くなか、マシアはバルセロナ中心部にある市庁舎のバルコニーから「市民諸君、カタルーニャ人民の名において、ここにカタルーニャ共和国を宣言する。さらにスペインの諸共和国との連合に向けて誠心誠意努力することを厳粛に宣言する」と述べた(12)。この知らせはすぐにキューバへも伝えられ、カルボネイやコナングラたちは長年の夢がようやく実現しつつあると喜んだ。しかし、そのわずか三日後、その宣言はマシア自らの手で取り下げられた。独立宣言に驚いたマドリードの臨時共和国政府が急遽バルセロナに交渉団を派遣し、マシアを説得して宣言を撤回させたのである。マシアはスペイン共和国のなかでカタルーニャの自治をめざし、自治政府《ジャナラリタット》を設立することに同意した。こうして自治政府の初代首班に就任したマシアであったが、後にこの一七日を「私の人生で最も悲しい日」と述べている。

独立宣言の撤回に、アメリカではマシアに対する失望が広がった。コナングラはマシアに宛てた手紙のなかで、カタルーニャ独立革命党は「おそらくアメリカにいるわれわれの、あまりにもロマンチックすぎる想像のなかにしか存在しないのだろう」と嘆いた。それから約半年後、マシアはハバナの独立派クラブに弁明の手紙を出し、自分がアメリカにいるカタルーニャ独立派を決してないがしろにしたわけではないこと、左派を糾合したことで勝利を手にできたこと、そして住民投票で承認され、共和国議会で審議されている「カタルーニャ自治憲章」(一九三二年九月成立)を手にできる今、遠からず自分たちが希求するものすべてを実現できるだろうと述べた(Conangla, 1956)。しかし、ハバナのカタルーニャ独立派は、スペイン共和国という相手をあまりにも怖がり、気前よすぎる譲歩を行ったとマシアを非難した。そして「自治という偽りの譲歩を追求する政策が無駄であることは、キューバの植民地の歴史が示してきたとおりです[13]」と、自分たちだけで組織を維持していくことをマシアに通告した。結局、このやりとりが双方最後の通信となった。

ハバナのコナングラは一九三二年秋、「夢からの目覚め」という記事を執筆し、自分たちが見てきたのは「現実社会では積極的な意味を持たない幻影」にすぎなかったのかと嘆き、自身が編集する『新しいカタルーニャ』紙を休刊した(Ferran Oliva, 2005)。一方、サンティアゴ・デ・クーバのカルボネイはマシアを「裏切り者」とみなし、一〇年におよぶ彼との協力関係に終止符を打った。

おわりに

一九三三年のクリスマス、マシアはカタルーニャ自治政府首班として七四年の生涯を閉じた。前年には、カンボが成しえなかったカタルーニャの自治を獲得していた。盛大な葬儀がバルセロナで執り行われたが、それは一九一七年にリーガの指導者プラット・ダ・ラ・リバが死去して以来の規模であった。マシアはアヴィと呼ばれ、幅広い層に指導者として受け入れられていたため、分離独立派以外の多くの市民も彼の死を悼んだ。プラット・ダ・ラ・リバが理論家、カンボが交渉人とすると、マシアは行動の人であった。特にプリモ独裁期のように正常な政治活動が禁止された状況では、マシアの行動主義（フランスでの蜂起計画やアメリカ巡行）が威力を発揮し、多くの人を魅了した。しかし、その一方、マシア率いる分離独立派はカタルーニャ政治においてマージナルな勢力でしかなく、穏健派カタルーニャ主義者や共和派、王党派などにとって深刻な脅威であるとは考えられていなかった。このパラドックスがあったからこそ、穏健派の人々も（安心して？）マシアをカタルーニャのイコンとして認めたのだろう。マシアが市民に広く受け入れられたもう一つの理由は、彼がいったんは宣言したカタルーニャ共和国の独立を撤回し、自治路線へ方向転換したことである。もしあくまでカタルーニャの独立にこだわり、マドリード政府との衝突に発展するようなことになれば、早晩マシアはカタルーニャの政治から排除されていっただろう。自治路線への転換によって図らずも彼はカタルーニャの人々を統合し、スペインへと結びつける「紐帯」の役割を果たすことになった。第二共和政の誕生で政治が正常化し、マシアがカタルーニャの自治政府首班として存在感を増せば増すほど、皮肉なことに分離独立主義の運動は力を失い分裂していった。

カタルーニャ主義は様々なイデオロギーや理念を内包しており、離合集散を繰り返す複雑な政治運動である。マシアはしばしば「孤高の星」と形容されるが、星は天空高くに輝くからこそ、より多くの人々が仰ぎ見る。マシアも分離独立という政治的立場から遠ざかるほどに、カタルーニャのイコンとしての地位を高めていった。「独立」という星はスペイン内戦前も、そしておそらく現在でも、カタルーニャの抱える政治的パラドックスを示している。

(1) 絶対主義者は、国王フェルナンド七世の弟カルロスを支持したのでカルリスタと呼ばれる。カルリスタ反乱は一九世紀に三回発生し、一八七六年に最終的に鎮圧された。

(2) 復古王政の下で政治的な安定が保たれ、カタルーニャ経済は発展した。一八八八年にバルセロナで開催されたスペインで最初の万国博覧会は、王政とカタルーニャ・ブルジョワジーの協力を象徴している。

(3) スペインの県制度はカタルーニャを四県に分割していた。リーガはこれに反対し、県を統合してカタルーニャという新たな行政単位を設け、そこへ自治権を賦与するよう求めた。

（4）「裁判権管轄法」は、祖国統一や軍の名誉、シンボルに対する中傷や批判を軍事法廷で裁くもので、明らかにカタルーニャ主義者を念頭に置いていた。
（5）この選挙で「カタルーニャの連帯」は圧勝し、カタルーニャに割り当てられた四四議席のうち四一を獲得した。
（6）県議会の統合案は紆余曲折を経て、一九一四年に政府による勅令という形で承認された。これによってカタルーニャで四県連合体（マンクムニタット）が成立した。
（7）カンボは、公正な選挙の実施を政府が保証するという約束と引き換えに、政権への協力を表明した。一九一七年秋に「挙国一致内閣」が成立し、リーガ議員も入閣した。
（8）一九一七年に、若者の間で急進的カタルーニャ主義の精神的指導者として尊敬されてきたマルティ・イ・ジュリアが死去した。
（9）マシアはスペインからの独立を主張する一方で、かつてカタルーニャ語圏に属していたバレンシア、バレアレス諸島、フランス領カタルーニャなどとの連合や連邦の構築も可能と考えていた。さらにその連邦にカスティーリャやポルトガルなどを含めることも否定しなかった。リーガのプラット・ダ・ラ・リバもこのようなイベリア連邦の構想を抱いており、これらはスペイン内戦前のカタルーニャ・ナショナリズムの特質の一つともいえる。
（10）パウ・クラリスは、一六四〇年のカタルーニャの反乱（刈り取り人戦争）で、カタルーニャ議会常設代表部の首班をつとめた指導者で、反乱中に死亡した。
（11）ＥＲＣの勝利は、左派共和派を支持する小作農民（ラバッサイラス）とＣＮＴ（全国労働連合）系労働者の票を取り込むことに成功したことが背景にある。
（12）*La Vanguardia*, 15 de abril de 1931.
（13）植民地支配の終末期、スペイン政府は遅ればせながらキューバへの自治権賦与を決意した。しかし、時すでに遅しで、一八九五年に第二次独立戦争が勃発し、自治によってキューバ人の独立への歩みを止めることはできなかった。

【出典・参考文献】

ALAVEDRA, Joan, *Francesc Macià, el camí cap a la presidèndica de la Generalitat (1859-1926)*, Barcelona, Curial, 1993.

BALCELLS, Albert, *Breve historia del nacionalismo catalán*, Madrid, Alianza Editorial, 2004.

CASTELLS, Víctor, *Francesc Macià parla. Escrits, parlaments, intervius i lletres*, Barcelona, Editorial Dux, 2007.

CONANGLA, Josep, *Memorias de mi juventud en Cuba, Barcelona*, Ediciones Península, 1998.

CONANGLA, Josep (pròleg), *Macià. La seva actuació a l'estranger*, Méxic, Editorial Xaloc, 1956.

FERRAN OLIVA, Joan Manuel, *La Constitució Catalana de l`Havana*, Lleida, Pagès editors, 2005.

FRADERA, Josep Maria, "El proyecto liberal catalán y los imperativos del doble patriotismo", *Ayer*, No.35, Páges. 87-100, 1999.

MURAY, Joan, RUBIRALTA, Fermí, *Vicenç A. Ballester i Camps (1872-1938)*, Barcelona, Rafael Dalmau, 2015.

ROCAMORA, Joan, *El Casal de Catalunya a Buenos Aires*, Barcelona, CURIAL, 1991.

RUBIRALTA I CASAS, Fermí, *Els orígens de l`imdependentisme català a Cuba*, Barcelona, Edidions del 1979, 2017.

第二章　共和政・内戦からフランコ独裁へ
――政治的暴力の歴史とどう向き合うか

加藤伸吾

はじめに――「政治的暴力」という問い

二〇世紀の人類は、植民地における過酷な抑圧、二度の世界大戦、およびユダヤ人、ロマなどの大量虐殺という、大規模な集団的・政治的暴力を経験した。その経験が世界的に共有されることによって、個人や集団が、いかにその意思を表現し、対立する意思や利害を調停し、全体としての意思を決定する、つまり政治を暴力に訴えずに行うかが、次第に人類共通の課題として定着した。

二〇世紀を迎える前、すでに中級国に転落して両大戦にも参加できなかったスペインだが、国内においては暴力が常に存在していた。国家のレベルでは、政治変動を起こす際の裏づけとして軍事力に依存することが常態であった。また、国家ではない社会のレベルでも、イデオロギーや宗教的対立に起因する、無数の街頭暴力があった。そんな二〇世紀スペインの国家・社会双方における政治的暴力がたどりついた果てが、かのスペイン内戦（一九三六〜三九年）であったといえる。また、内戦終了後の軍事独裁による組織的な弾圧は、内戦期戦時体制の延長であった。

自由民主主義体制の確立と維持は、先の人類共通の課題に対する重要な回答の一つである。スペインは二〇世紀後半、歴史上三度目の民主化過程を経て、ようやく安定した民主主義国家となった。しかしそこで、もう一つの問題が表面化した。その一九七〇年代のスペイン民主化は、内戦や独裁時に行使された暴力に向き合うことを一度棚上げにするとの前提が、社会の多数派によって共有された上で達成された。言い換えれば、そこに置き去りにされた少数派がいたのである。その人々自身が声を上げること、そしてそれを支持する人々が増えたことで、その少数派がそもそもいること自体が次第に明らかにされつつある。

ここから明らかになるのは、暴力に依存しない意思決定を実践する仕組みを構築するだけでは、不十分だということなのではないか。その仕組みの枠内で、これまですでに行使されてしまった暴力のもたらした帰結と向き合う必要性が示されているのではないだろうか。

本章では、まず二〇世紀スペインにおける政治的暴力の歴史を、やや遡って一九世紀にも簡単に触れつつ、時系列に沿って見ていく。最後に、その政治的暴力の歴史に、現在の二一世紀のスペインがどう向き合っているかについても触れる。

一　第二共和政以前

一八世紀末、隣国で起きたフランス革命はもちろんスペインにも甚大な影響をおよぼした。ナポレオンによるスペイン支配前後の混乱とスペイン独立のためのいわゆる半島戦争を経て、フェルナンド七世が国王に即位した。その際国王は中小貴族を中心とする自由主義者たちの助力も得たが、即位後すぐに絶対主義者としての本来の姿を現し、反動政治を展開した。後継者にも同様に絶対主義者の弟カルロスを指名したが、四番目の王妃がやっと子をもうけるとそのイサベルを後継者に据えて死去した。一八三三年に即位したイサベル（二世）とその母は、絶対主義勢力が支持するカルロスに対抗するため、自由主義勢力を支持基盤とした。一八三七年の憲法成立によりスペインは立憲君主国に移行し、自由主義国家としてのスペインが成立した。しかし、イサベルの即位により自由主義勢力と絶対主義勢力の争いが前者の勝利に終わったわけではなく、三次にわたるカルリスタ戦争という内戦の形で継続した。

カルリスタ戦争終結前、一八六八年には九月革命でブルボン王朝がいわゆる軍事蜂起宣言《プロヌンシアミエント》という手法でいったん打倒される。それはつまり、クーデタという実力行使で政権を奪取するのではなく、軍事力行使の一歩手前でまずクーデタ宣言を出し、連鎖反応により政権ないし国家体制の崩壊を期待するものであった。その後、一一カ月の短いスペイン第一共和政を含む、いわゆる「自由主義の六年」

と呼ばれる時期を迎えるが、これは最初の本格的な民主主義体制構築の試みであった。しかし一八七四年、これらが転覆されたのは、やはり軍事蜂起宣言によってであった。

その成功後にイサベルの息子アルフォンソ一二世を国王とする復古王政下で議会君主制が成立する。ところがそこでは現代の我々が想像するような公正な普通選挙ではなく、内務省主導で地方の実力者の協力を得て、個人や私企業などへの利益誘導を梃子にした選挙操作が行われた。とはいえ曲がりなりにも、保守党と自由党の二大政党間の政権交代が一時期定着し、政治変動時の軍事力依存からの離脱の一歩が記されたように見えた。

しかし、暴力は国家による軍事力だけではない。二〇世紀初頭にかけてのスペインでは、街頭暴力やテロリズムが氾濫する。例えば、フランスから自由主義とともにもたらされた国家の無宗教化という規範は、スペインではカトリック教会の頑強な抵抗に遭ったため暴力的な反教権主義となり、教会焼き討ちや聖職者殺害などの事件が多発した。国家の政権交代は少しずつ非暴力化して安定しても、社会の側ではいまだ暴力は日常的であった。先の選挙操作による二大政党制を構想した大政治家アントニオ・カノバス・デル・カスティーリョが一八九七年街頭で暗殺されたのは、その極端な例であった。カノバス暗殺の翌年、スペインは米西戦争で歴史的な敗北を喫し、モロッコを除くスペイン本土以外の植民地をすべて失うこととなった。

その間の一八八六年、アルフォンソ一二世が死去したが、その時はまだ息子アルフォンソ一三世は生まれてすらなかった。出生の瞬間から王位継承者だったアルフォンソ一三世は、一九〇二年成年に達して親政を開始する。この王位継承の際、王政転覆のための政治的暴力の大規模な直接的行使や内戦が起こらなかったのは、復古王政の一面での安定を物語る。アルフォンソ一三世の治世が父の時代と異なっていたのは、熟練の議会政治家が少なくなり、国王自身が政治指導に関与することが多くなったことであった。それは、明確な失政があった場合、議会や内閣ではなく、国王その人、ひいては王政への不信につながりうることを意味していた。

一九一四年に始まった第一次世界大戦において、スペインは参戦するだけの余力がなかったが、それは非参戦国として戦時需要の「恩恵」にスペインがあずかることができることを意味した。二〇世紀初頭のスペイン経済は、世界恐慌まで長期的な経済成長を享受した。しかしその成長は、二つの危機をもたらす。

第一に、資本主義経済の世界的な急拡大がもたらす歪みが、労働者に皺寄せされたことである。経済成長がもたらす産業構造の変動は、他の西欧諸国と同様にスペインでも、都市および農村における労働者階級の急速な台頭を招いたが、当時の労働者は、現代のようなさまざまな権利を保障されているわけではなかった。長期的な経済成長の恩恵は大小資本の拡張へと回され、労働者の待遇や生活の改善には至らなかった。これに対し、一九世紀末から労働者側の国際的な組織化が始まる。第一インターナショナルの結成は一八六四年、マルクス『資本論』の出版が一八六七年である。一九一七年、ロシア革命で労働者の国家が生まれる。スペインでは、一八七九年にスペイン社会主義労働者党（ＰＳＯＥ）、一八八八年には労働組合による労働者総同盟（ＵＧＴ）が創設された。ＰＳＯＥ・ＵＧＴと同じく今日まで続くスペイン共産党（ＰＣＥ）はＰＳＯＥからの分派で、一九二一年に設立された。アナーキストの組織化はもっと早期で、一八七〇年バルセロナで開催された労働者会議に遡る。これらの主体が二〇世紀初頭のスペインで労働者の権利拡張を求め、暴力的手段を辞さない運動を展開した。

第二の危機は、第一次世界大戦の終了後にやってきた。軍需景気が収束する中、それでも成長を必要とする資本家層が、軍需の継続や対外的な市場拡大のため、スペインに残されたわずかな植民地モロッコでの軍事行動増強を求めたのである。結果は成功とはいえず、一九二一年に始まった第三次リーフ戦争は一九二七年までの長期間をかけて勝利こそしたが、それはフランスの関与で初めて可能となった。

この「失政」は、先述の通り国王と王政の危機へと発展しかねなかった。それを回避し、王政を維持するため選ばれた手段が、クーデタであった。一九二三年九月一三日、カタルーニャ軍管区司令官ミゲル・プリモ・デ・リベーラは、カタルーニャの政情不安を理由に戒厳令を発布しそれを順次全国に展開させることで、軍事独裁政権を確立した。アルフォンソ一三世はこれに支持を与えた。議会は解散、一八七六年憲法は停止された。

最初の戒厳令がカタルーニャで発布されたのには理由がある。まず、一九世紀末には国家のみならずあらゆるレベルでのナショナリズムが勃興した。カタルーニャ主義で保守寄りの地域主義連盟《リーガ・ラジオナリスタ》（第一章参照）は一九〇一年に設立されていた。[1] 加えて、労働運動でも戦闘的なアナーキズム勢力が強かった。カタルーニャ・ナショナリストやアナーキストたちは、モロッコでスペイン本国に対して反乱を起こした先住民に対し同情的で、モロッコ人民との連帯を示すため街頭行動が数多く起こり、暴徒化することもしばしばであった。

　このように、モロッコ、地域ナショナリズム、アナーキズムを含む労働運動が、プリモ独裁体制の主要な課題であったが、これに対応するため、当初短期間で文民政権に移行するはずのプリモ軍事独裁体制は長期化した。その間プリモは権力の座に留まりつつ「文民政権」としての体裁を整えようとした。

　モロッコ問題に関しては、フランスの関与もあり一応の解決を見た。地域ナショナリズムに対しては、スペイン・ナショナリズムの立場から徹底的な弾圧を加えた。労働運動に関しては、ＰＳＯＥと組んでＰＣＥとアナーキスト勢力を弾圧する分断方略で臨み、それなりの成果を得ていた。経済も引き続き好調に推移していた。この軍事独裁下における経済成長は、「開発独裁」と呼ばれる。しかし一九二八年、スペイン通貨のペセータ下落はプリモ体制に影を落とした。翌年アメリカで起こった世界恐慌はスペインにも波及し、不況に転落した。プリモは権力基盤である軍、大資本、そして国王の支持も失い、一九三〇年アルフォンソ一三世によって退陣を余儀なくされた。

プリモの後継者たちは議会君主制への漸進的な復帰を企図した。他方、経済危機の責任は王の存在にこそあるとして、共和国支持の世論が高まった。一九三〇年には、労働運動組織も含む共和政体を支持する諸勢力のサン・セバスティアン協定が締結、ゼネストや軍事行動など、第一共和政以後初の共和国樹立の試みがなされ、一九三一年には四月の統一地方選挙、その後の下院・上院の選挙が実施、議会君主制への復帰がめざされた。

二　第二共和政の成立と崩壊

1．四月一二日の「革命」と暫定政権

一九三一年四月一二日の地方議会選挙で状況の変化が思わぬ加速を見せた。各地方議会で、共和派の諸政党が相次いで多数派を形成できる結果を得たが、それが明らかになるにつれ、各地方、特に大都市の共和主義勢力とそれを支持する民衆は街頭行動に繰り出し、政庁では革命委員会の樹立が相次いで宣言された。カタルーニャでは、地域ナショナリストで政治的には左派寄りの勢力によって「イベリア連邦内のカタルーニャ共和国」の成立が宣言された。四月一四日、国王アルフォンソ一三世はブルボン家の出身地であるフランスに亡命した。首都マドリードの革命委員会には広範な政治勢力が

参加し、暫定政権が樹立された。「革命的民衆の祭典」ともよばれた、スペイン第二共和政の始まりとなる数日間であった。

その四月から年末までが、一九三一年第二共和国憲法制定までの暫定政権の期間となる。治安の回復と維持、分権的制度導入による地域ナショナリズムへの対応、国家の非宗教化の試み、軍隊の政治力抑制、労働者の権利拡張など、取り組まれるべき課題は非常に多岐にわたっていた。当初広範な勢力を集めた暫定政権も、左では国家の介入を嫌うアナーキスト勢力、右ではカトリック教会寄り保守勢力が次第に離反していったが、それでも前述のような多様な近代的改革を盛り込んだ憲法が成立した。

2. 弱点を抱えた左派連立政権

各種改革と憲法制定と並行して、一九三一年六月に総選挙が実施された。左派諸政党が多数派となり、ニセート・アルカラ・サモーラ大統領は、同じ共和主義勢力でも左派で、改革を推進した中心的人物であるマヌエル・アサーニャを首相に指名した。

議会には三六の政党・グループがあり、それらが七つの会派を構成していた。全四七〇議席中、第一党のPSOEは一一五議席、第二党の急進共和党（PRR）は九〇議席、アルカラ・サモーラの自由共和右派（DLR）は二五議席、アサーニャの共和行動党（AR）は二六議席であった。小党乱立が顕著であり、法案可決に必要な多数派形成がそもそも困難な状況であった。アサーニャは自覚のARを含む会派・共和主義左派とPSOEの連立政権を選んだ。

アサーニャ政権は暫定政権期からの諸改革をさらに前進させようとした。対地域ナショナリズムでは、一九三二年にカタルーニャ自治憲章が成立して、分権化が進んだ。イエズス会解散や教育の非宗教化などの対カトリック教会政策は、三一年憲法を補完するものであった。労働者の保護など社会政策はPSOEのフランシスコ・ラルゴ・カバリェーロが労働大臣となって推進されたが、労働者に賃金上昇など一定の利益をもたらした。しかしその恩恵にあずかれるのは賃金を受け取れる立場にある者たちだけであり、世界恐慌以降増えていた失業者や、日雇い労働者など安定した収入源を持たない者はまだ多数いた。そのような社会において、暴力の行使への心理的障壁は決して高くなかった。また、第二共和国が「祝祭的雰囲気」の中でスムーズに、軍事衝突なく成立したことは、非暴力の観点から現代の我々には望ましく思われる一方、正規軍への文民統制強化や街頭運動の暴力化などの問題は未解決のまま残されたことを意味する。環境に不満を持ち、また将来に安心した生活を送れるという展望を持てず暴力化しやすい労働者と、国家の統制を離れ自らが政治変動の原動力となりうる存在との自覚のある軍・治安当局は、常にその対立が顕在化する危険を持っており、結局それがアサーニャ政権のアキレス腱となった。治安警備隊隊員と労働者の衝突は、互いの殺害事件にまで発展した。また、無政府組合主義《アナルコ・サンディカリズム》系労組の全国労働連合（CNT）は国家によらない体制をめざし蜂起に及んだ。

これらいずれに対してもアサーニャ政権は断固たる鎮圧をもって臨んだ。また、独裁者プリモの長男ホセ・アントニオが一九三三年にファシズム政党であるファランヘ党を結成していたが、そのファランヘ党の若者と左派諸政党の青年組織所属の若者が小競り合いを繰り返してもいた。加えて一九三二年八月の、アサーニャ政権の左派的諸施策に反対するサンフルホ将軍によるクーデタ未遂事件も起きた。

一九三三年アサーニャ首相が更迭されたのは、CNTの蜂起に対する弾圧が、右派からは弱腰、左派からは強権的に過ぎると批判され支持が後退し、同年四月の地方選挙でも与党の敗勢が強くなり、政権の維持が難しいとアルカラ・サモーラ大統領が判断したからであった。その後首相指名を受けたPRRのアレハンドロ・レルーはPSOEを排除した政権をめざしたが議会の信任が得られず、大統領は議会を解散して同年一一月総選挙を実施、右派政権が成立した。

3. 共和国体制にたてつく右派政権

右派政権の中核となった総選挙第一党（一一五議席）のスペイン独立右派連合（CEDA）は、総選挙の同年三月に結成された。当時の右派勢力には、共和主義勢力右派に加え、前世紀以来のカルリスタ勢力、王政復古をめざす王党派、カトリック教会右派、ファランヘ党などがあったが、CEDAはこのうちカトリック教会右派を中核としていた。また、どの勢力も階級としては明確に資本家の利益を代表するものであった。他方で労働者階級の勢力を代表する左派諸勢力は、アサーニャ政権期の相互不信などもありまとまった勢力を築けず、左派系有権者も分裂投票となった。PSOE系労組のUGTに加え、CNTも総選挙での棄権を呼びかけており、この左派系の不統一と棄権が右派政権の成立の要因となった。なおCNTは、総選挙後の議会初日にも蜂起しており、武装闘争路線を継続していた。

なお、この一九三三年総選挙における特筆すべきこととして、女性にも普通参政権が適用されたことがある。選挙権のみならず被選挙権も得て、第二共和政は民主主義政体のもとで女性が大幅に政界へ進出しその第一歩が記されたのは、この時である。

首相は短期間の中継ぎを挟んで再びレルーとなったが、総選挙後は政権維持のためCEDAに接近する諸政策を採った。CEDAはアサーニャ政権期に実施された脱カトリック・世俗化政策や社会政策などを事実上取り消す内容の政策プログラムを掲げていた。また、サンフルホ将軍のクーデタ参加者で有罪判決を受け服役していた者たちの恩赦を求めていた。この恩赦をめぐって、実現をめざすレルー首相と反対するアルカラ・サモーラ大統領の対立が深刻化、レルーは退任に追い込まれ、同じPRRから後継首相が出たが状況は打開されなかった。

このPRR政権はCEDAを中心に他の右派勢力の閣外協力によって運営されていたが、右派諸勢力の中で明確な合法路線を採っていたのはCEDAのみで、そもそもカルリスタや王党派はいずれもブルボン王朝の復活、つまり共和国の打倒をめざしていた。さらにＣＥＤＡ総裁ホセ・マリア・ヒル・ロブレスも、民主主義体制の維持には関心がなく、民主的手段による政権奪取と、その後の権威主義体制への転換をめざすと公言していた。つまり、右派諸勢力は共和国体制内の野党というより、反体制派であった。

4.「革命的ゼネラルストライキ」

ＰＳＯＥはアサーニャ政権の与党でもあり、当時はむろん共和国を護持する立場であったが、このような右派勢力の結集と伸長を前に危機感を募らせていた。ＰＳＯＥ内部も一枚岩ではなく、インダレシオ・プリエト率いる穏健派と先の労働大臣ラルゴ率いる急進派があったが、このうち右派に対する危機感をより募らせていたのは急進派であった。隣国ポルトガルでは、一九二六年にその後五〇年近く続く独裁体制への画期となるクーデタが成功していた。イタリアではムッソリーニのローマ進軍とファシスト政権の成立からすでに一〇年以上が経過し、ドイツでも三四年八月ヒトラーが首相から大統領を兼務する総統に就任していた。両国とも左派勢力は壊滅的状況にあった。そんな中、穏健派のプリエトですら三三年一〇月の国会で「革命」の可能性に言及するに至っていた。「革命」とは共和国の打倒に他ならなかった。

三四年一〇月、第三次レルー内閣には遂にＣＥＤＡから三名が入閣したが、これはその「革命」を実行に移す導火線となった。ＰＳＯＥとＵＧＴが主導し、ＰＣＥやＣＮＴも協力して全国の大都市で大規模な「革命的ゼネラルストライキ」が実行に移された。この用語を見る際には、注意を要する。なぜなら前半の「革命」は、体制そのものの転換をめざすものだからである。これは極端にいえば、右派に加えて左派のＰＳＯＥ・ＵＧＴも、体制そのものの転覆をめざした点では前述のＣＥＤＡと大差なくなってしまったことを意味する。今日のスペイン現代史研究者の大勢、あるいは同時代のアサーニャに加え、当事者のプリエトやラルゴなどの、この革命的ゼネストを主導した人物たち自身の多くが、この試み自体を失敗だったと手厳しく評価している。

これに対し皮肉にも、合法的に政権にある右派諸勢力からは、国家の手になる合法的手段を用いた過酷な弾圧が展開された。多くの都市でゼネストは短期間に収束したが、アストゥリアスでは武装衝突で約二〇〇〇名の死者が出た。また、国家との間に締結した自治憲章のもとに成立していたカタルーニャ自治政府は、このゼネストと並行して、「スペイン連邦共和国内のカタルーニャ国家」の成立を宣言したが、これもほぼ即時に「鎮圧」されている。

その後のレルー内閣はほぼ何もできないままスキャンダルにより崩壊し、二つの短期政権を経て、三六年に総選挙が実施された。相変わらず小党乱立が顕著ではあったが、この三六年選挙では、政党が合流したわけではないものの、左右ともに、それぞれ「人民戦線」「反革命国民戦線」と呼ばれる選挙連合を形成して臨むこととなった。階級の分断線に明確に沿う形で二大選挙連合が成立したことになる。結果は「人民戦線」の連合が大差で勝利した。

この結果に対し、右派に近い軍幹部を含むかたちで、左派連合政権成立阻止のための反乱の謀議が頻繁に行われることとなったが、初期のものは未然に防がれ、選挙結果確定前に成立したアサーニャ暫定政権は、連座したと見られる幹部級軍人に対して処罰を下した。陸軍参謀総長フランシスコ・フランコ将軍はカナリア諸島に左遷される。

その後アサーニャは首相よりも大統領の立場を選び首相は他の者に任せたが、その内閣には党内急進派の反対により、ＰＳＯＥは参加していない。

三　スペイン内戦へ(2)

1．右派軍人の蜂起とその後の動き

前述の通り、内戦以前のスペイン近現代史においては実力行使を伴う政権・体制交代をめざすクーデタと、それを伴わない軍事蜂起宣言の双方、特に後者が頻発した。

一九三六年七月一七日夜から翌日未明にかけて、人民戦線内閣の打倒をめざし、カトリック教会や大資本などの社会勢力、その利益を代表する右派系政治家の支持を受けて軍事蜂起が発生した。フランコはじめ右派の高級軍人が指揮するその蜂起は、当初軍の大勢や右派政治家が連鎖反応する形での

反乱側の勝利によって、短期間に収束することが見込まれていた。その意味では軍事蜂起宣言に近いものであったが、実際に軍隊が各地に展開していた点では、クーデタとしての側面も指摘できる。いずれにせよ、結果としては、体制転換や政権交代までの期間が短いクーデタや軍事蜂起宣言ではなく、同国人同士、あるいは国外からの参戦者も含め血で血を洗う、三年の長きにわたる内戦となった。なお、反乱勃発直前の七月一三日、財務大臣経験者で右派の大物政治家ホセ・カルボ・ソテーロが社会主義者の手で暗殺されたことは、街頭暴力やテロが珍しくなかったことを示す事例であり、反乱の直接的な引き金ともなった。

内戦の軍事的展開の詳細は、カサノバ（Casanova, 2010）、フリアー（Juliá, 2019）などの著作にゆずって、ここでは概略のみにとどめたい。初期は共和国有利に思われたが、将校、兵士、兵器の質、あるいは戦力や補給の国際的支援の量で優っていた反乱軍が次第に支配地域を広げ、勝利をおさめた。共和国側の主力は共和国側に踏みとどまった軍の一部に加え、左派諸勢力が党員や組合員などを武装させた準軍事的組織であった。加えて、共和国は英仏ソなど非ファシズム国家の支援を期待していたが、対独伊宥和政策を選んでいた英仏は、独伊に近い反乱側を刺激して独伊が国際政治で態度を硬化させることを恐れ、共和国を黙殺した。共和国側へのソ連の軍事支援はあったが、戦力の投入ではなく、軍需物資と軍事指導が主体であった。

一方で反乱側を支援した独伊、特にヒトラーのナチス・ドイツは実戦部隊を投入した。そのドイツ軍のスペイン内戦参戦の最も有名な帰結が、かのパブロ・ピカソの作品《ゲルニカ》である。ゲルニカは地名で、バスクの人々にとっての独自性と自立性を持つ共同体としての歴史を象徴する、ナショナル・アイデンティティの基盤となる土地であった。歴代カスティーリャ王はバスクの中心地ビスカーヤの封建領主を兼任するものとして、ビスカーヤの地域諸特権を保障する、とこのゲルニカの地で宣誓していた。他方、反乱軍はカトリックのカスティーリャの歴史や伝統に基づき、カスティーリャを中心とする中央集権的かつカトリックのスペイン・ナショナリズムを標榜、「国民主義陣営《ナシオナリスタス》」と自称し、地域ナショナリズムを憎悪していた。この反乱軍を支援するドイツ空軍は、バスクの地域ナショナリズムを象徴するゲルニカの地で最新鋭空軍兵器の実験的投入を実施した。しかもそれは、「総力戦」としての現代戦の特徴として、非戦闘員を巻き込むどころか、彼らを集中的に狙った攻撃だった。つまり、最初の爆撃によって防空壕から住民を外に出し、そこに機銃掃射を加えるという悪辣な戦術が採られたのであった。

一九三六年に開始されたスペイン内戦は三年にわたって展開されたが、なぜ長期化したのだろうか。これには諸説あるものの、反乱側の目論見が外れ、軍が一斉に反乱になびくのではなく、共和国護持派と反乱派の二つに割れたからとするのが、歴史研究者の間でもおおむね一致した見解である。では、なぜ軍が割れたのか。軍隊もその国の社会とは切っても切れない存在である。つまり、軍隊内部でも、将官や中級士官には社会階層の高い者、下士官や現場の兵士には社会階層の低い者が多かった。共和国における右派諸勢力と左派諸勢力は、それぞれ資本家階級と労働者階級を代表しておりその分断線は明確であったが、それはまた軍隊にもいえることであった。スペイン内戦とは、何よりも階級間戦争であったのである（Juliá, 2019）。

2．内戦下の前線外での暴力

スペイン内戦の特徴の一つは、戦線の後方でも大規模な暴力が行使され、多数の死者を生んだ点である。逮捕、拘禁、あるいは拷問や処刑が、戦線から離れた地域でも行われたことがわかっている。それは共和国側と反乱側双方においてそうだったが、より組織だって行われており、したがって大きな犠牲者を出したのは、反乱側地域だったとされる（Preston, 2012）。

共和国側のみならず反乱側でももちろん戦時体制が敷かれ、共和国平時の法体系は無効化された。現代でいうところの戦闘員か非戦闘員かを問わず、無数の人々を刑務所、処刑場へ送り込んだことで悪名高いいわゆる即決裁判は、そのような戦時体制下の軍事裁判であった。この即決裁判の恐らく最も有名な犠牲者のひとりが、日本でも知名度が高い詩人、フェデリーコ・ガルシア・ロルカである。同性愛者であったロルカは、銃殺に際して臀部に二発の銃撃を受けたとの証言が残されている（Gibson, 2007）。同性愛嫌悪が、遺体損壊という最も残虐な形をとって現れたのである。

反乱側に対して共和国側では、足並みが全く揃っていなかった。ＰＳＯＥは政権への参加を見合わせていた。そもそも国家を認めない無政府組合主義のCNTも同様だった。戦況の進展によりソ連からの支援が増してくると、PCEの共和国陣営内での存在感も増して、陣営内で共和派・PSOE・PCE・アナーキストなどが競合する状態が現れた。内戦終盤の共和国陣営では、内戦内内戦すら戦われる有様であった。軍人であるかないかを問わず、反乱協力者への弾圧が、共和国側では反乱軍ほど組織的に行われず散発的であったのは、そこにも原因があった。なお、内戦勃発前に共和国治安当局によって銃器不法所持により逮捕されていたファランヘ党総裁のホセ・アントニオ・プリモデ・リベーラは、反国家謀議と軍事蜂起への加担の罪状が追加され、一九三六年一一月二〇日に銃殺された。

前線と後方含めた具体的な死者数については、まず数字の出所となる文献が公刊された時期によって分かれるが、比較的近年のもの（Juliá, 1999, Viñas, 2012, Moradiellos, 2016）では七〇万人前後の幅に収まっている。また、そのうち戦闘によらない、弾圧による死者は共和国側支配地域では約五万人、反乱側支配地域および反乱終了後のフランコ体制下でも続いた共和国側とされた人物に対する処刑、あるいは拷問や強制労働による死者は約一〇万〜一三万人とされる。それ以外にも、内戦に伴う傷病を原因とする死者は三五万人程度とされる。

四　フランコ独裁の誕生と展開

1．正統性の欠如と国際的孤立

内戦は、反乱側が勝利した。最後まで頑強な抵抗を見せたマドリードが反乱軍の手で事実上陥落した数日後、一九三九年四月一日に勝利宣言が出された。反乱側には、フランコ以外にも戦時中・戦後の主導権を握りうる将軍がいたが、内戦開始約一年後、北部方面のモラ将軍の事故死により、フランコの主導権が確立した。フランコは、先行の軍事独裁体制、つまり隣国のポルトガルやナチス・ドイツ、そして特に部分的にイタリアを模倣しながら、戦時中から支配体制を固めていった。

勝利したとはいえ反乱側は、当初の国家であった共和国側の法体系を基準とすれば、端的に反乱罪を犯しており、全く国内的正統性を欠いていた。そのような場合、国際機関や外国からの承認を国際的正統性の根拠とすることもできたかもしれないが、フランコ軍事独裁体制は、当初それも獲得できなかった。一九三九年九月、ドイツがポーランドに侵攻し第二次世界大戦が始まったが、内戦を終えたばかりのスペインには、第一次世界大戦時と同様、参戦の余力は残されていなかった。独ソ戦に際して、多くはファランヘ党員からなる義勇兵「青師団」約四万名がドイツ側に送られたが、これは正規軍の正式な参戦ではない。このようにスペインは、非参戦国といっても枢軸国寄りであったが、第二次世界大戦が枢軸国の敗北で終わると、戦後の国際秩序においてスペインは孤立に陥った。一九四六年二月、フランコ体制がフランスにおける対ナチ・レジスタンスの英雄を処刑すると、フランスはスペインとの国境を閉鎖した。同年一一月、国連総会でフランコ体制の非難決議が採択され、各国の大使はスペインから引き揚げた。

外交上の孤立は、国際経済からの孤立も意味する。内戦後のスペインは国内での自給自足経済をめざしたが、すでに当時のスペインは、不可避的に国際経済システムの一部であった。そこから突如断絶しての一国完結的な自給自足経済がうまくいくはずもなく、内戦で荒廃し世界からも孤立したスペイン経済は低迷した。

ごく一部、フランコ体制非難に同調せず外交関係を維持した例もあった。同様に軍事独裁体制であったポルトガルやアルゼンチンである。ローマ教皇庁も同様であった。反乱軍のちにフランコ体制は、内戦を反カトリックの共産主義からカトリックのスペインを守る「十字軍」であるとして内外に喧伝していたことからもわかるように、カトリック信仰の護持をその「正統性」の根拠とし、またスペイン・カトリック教会主流派は、体制の重要な支持基盤の一つであって、ファランヘ党と軍の二つと並び、「家族」と称される三つの体制内の勢力となっていた。

2. 国際秩序とフランコ体制

国際経済からの孤立による国内における戦後復興の困難は、国内の経済運営の努力だけでは打開することができず、国際秩序の変容によりスペインが国際社会に復帰し、国際経済に再編入されてはじめて、再成長が可能となった。その変容とは、自由主義経済・民主主義体制のアメリカと、共産主義のソ連との対立に伴う、東西冷戦体制の成立であった。

アメリカはトルーマン民主党政権による大規模な西欧への経済支援計画であるマーシャル・プランを実施していたが、その恩恵にスペインはあずかれなかった。それでも一九四九年、フランコ体制のスペインに対するアメリカの最初の借款が提供された。スペインは民主主義ではなかったため国連総会で非難を受けたが、戦略的に大変重要な地理的位置にあった。つまりスペインは地中海の西の出口にあり、ソ連黒海艦隊の地中海出撃を想定すれば、同艦隊が大西洋に出る前の最終防衛線となる位置にあった。そこを突破されれば、アメリカ本土までは海しかない。この戦略的重要性のために、非民主主義国であっても西側陣営に組み込まれることとなったのである。なおその前年、フランスとの国境閉鎖も解除され、また英仏それぞれと二国間の貿易および財政協定も締結されている。国連のフランコ体制非難決議が取り消されたのは一九五〇年であった。

一九五三年からのアイゼンハワー共和党政権では、トルーマン時代の「封じ込め」政策よりさらに積極的な「巻き返し」政策が採られた。つまり、共産主義化する可能性のある、あるいは対共産圏戦略で重要と思われる中小国への関与も強めていったのである。大統領就任と同じ年、首都マドリードでアメリカとスペインの間の基地設置と軍事援助に関する協定が結ばれ、国交が回復、一九五九年アイゼンハワーのスペイン訪問も実現した。また、この軍事協定締結に前後する時期、内戦後も戦時体制を維持してきたフランコ体制もいわば「戦後体制」へと舵が切られ、フランコ体制の三つの体制内勢力、「家族」の一つである軍の存在感が低下することとなった。

フランコ体制のスペインと微妙な距離を保っていたローマ教皇庁との政教協定が締結されたのも、一九五三年のことである。これもフランコ体制内の勢力バランスに影響した。つまり体制の三つの「家族」のうち、体制最初期に優勢であったファランヘ党は、もう二つの「家族」である軍とカトリック教会からの抵抗を受けていたが、第二次世界大戦情勢の変化、つまりムッソリーニの失脚・処刑やナチス・ドイツのソ連戦線での敗北・撤退など枢軸国劣勢が明らかになるにつれ、フランコ体制内部でもファシズム政党であるファランヘ党は勢力を減退させ、代わって台頭したのがカトリック教会勢力だった。その代表的存在であったアルベルト・マルティン・アルタホは外相に就任すると、政教協定に向けた交渉を実施し、締結にこぎつけた。カトリック勢力の優位がこれで強固になった。

内戦末期・直後期には内戦における共和国側のいわば「残党」への弾圧は苛烈を極めていたが、このようなフランコ体制の変容と軌を一にするかのように、弾圧は止むことはないにせよ、次第に社会の後景に退いていった。なお、体制初期の弾圧がいかに残酷だったたか、その残酷さを現代のスペイン人がいかに認識しているかは、例えば、映画『パンズ・ラビリンス』の序盤で、フランコ側軍人に狩人の親子が無実の罪で撲殺されるシーンなどで垣間見ることができる。

スペイン版「靖国」ともいうべき、マドリード郊外エル・エスコリアル市にあるクエルガムーロの谷に建立された「戦没者の谷」は、一九五九年四月一日、内戦戦勝記念日に完成式が挙行されたが、それを一つの画期と見ることができるかもしれない。その建設事業でも多数の旧共和国側の人員が強制労働に駆り出された。それ以降、フランコ体制のプロパガンダなど公的な言説から「反共十字軍」などの好戦的な表現が後退し、「平和」がフランコ体制の成果として前面に押し出されることとなる。とはいえ、秩序維持を名目とした検閲や政治犯取り締まりなどの統制は、むろん維持されたままであった。また、地域ナショナリズムも、フランコ体制のスペイン・ナショナリズムの憎悪の対象であり続けた。カタルーニャ語やバスク語は、フランコ体制の期間中、公的な場での発話を禁止されていた。

3. 経済成長と社会変動

国際的な孤立が解消されたことで、一九六〇年代の西欧他国や歴史的関係のあるラテンアメリカ諸国への移民送り出しによる外貨獲得などを通じて国際収支が改善し、外国の資本、技術などの流入によって経済成長するという最も好ましい結果となった。二〇世紀に入って二度目（一度目は第一次世界大戦~世界恐慌までの時期）の長期成長となった（図1）。[3]

この長期成長は、同時期の世界的な好景気に支えられていた。また、一九五九年の「経済安定化に関する国民計画」を策定した一群の経済官僚が、その時期の経済運営を担っていた。その官僚たちの

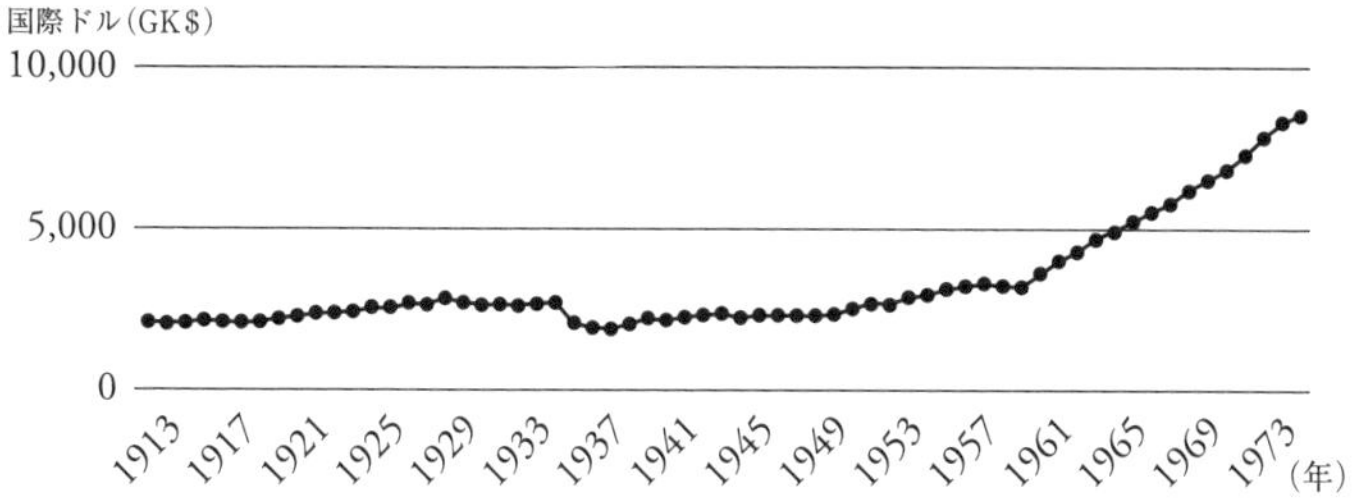

図1　スペインの一人当たりGDP（1990年基準国際購買力平価）

出典）マディソン・プロジェクト・データベース2013年版の数値をもとに筆者作成。

多くの共通点の一つは、オプス・デイというカトリック教会内の在家信仰運動組織に属しているということだった。オプスは、世俗的経済活動に邁進することが神の意思に沿うとして、経済成長にカトリックの宗教思想から支持を与える運動としての側面を持っていた。この経済官僚たちは、教皇庁との関係回復を担っていた旧来からのカトリック勢力とは一線を画す、新しい世代のカトリック勢力を形成していた。

二〇世紀初頭の成長が資本家と労働者の階級間断絶を解消できず階級間戦争としての内戦という最悪の帰結を招いたのに比べ、この六〇年代の経済成長の大きな特徴の一つは、同時期に成長した他国（例えば日本）と同様の中間層が形成され、階級間格差が大幅に緩和されたことにある。この新しい中間層は三〇年代の多くの労働者とは異なり、生存そのものの危機から逃れることができたことから、その安定した生活を守りたいという、いわば経済重視・秩序維持重視・非暴力的という保守化傾向を示すこととなった（加藤、二〇一三）。

また、フランコ体制はこの経済成長によって、権力獲得の手段が反乱であるがために欠いていた国内法的合法性という意味での正統性を、後付けで得られることにもつながった。この点、フランコ体制はプリモ体制と同様、いわゆる「開発独裁」としての側面を持っていたともいえる。

4.「フランコなきフランコ体制」と限定的自由化

経済成長に翳りが見えれば、フランコ体制そのものの危機につながりかねなかったことも、プリモ体制と同じであった。「スペインの奇跡」とすら呼ばれた六〇年代の経済成長も、七〇年代に近づくと、インフレーションに賃金が追いつかなくなることで労働者の不満を招き、自給自足経済期をはるかに上回るペースで、労働争議が増加していった。また、政官財癒着腐敗スキャンダルに見舞われるなど制度疲労の陰が見えていた。加えて、一九五九年にバスク・ナショナリスト党（PNV）から分裂してできた極左バスク分離独立主義テロ集団・祖国バスクと自由（ETA）のテロ活動も活発化していた。(4)

労働争議に関していえば、フランコ体制の唯一の労組である垂直組合は、同じく唯一の公認政党ファランヘ党などともに、国家による社会管理装置としてのいわば単一の「官製社会運動組織」として構築された「国民運動《モビミエント・ナシオナル》」に組み込まれていた。一九六七年、フランコ体制の制度化の仕上げであった「国家組織法」には労働者の権利に関する規定がある。表面上はそのような制度的枠内で労働争議が処理されていた。しかし垂直組合の組合員の多くが実は、非合法化され亡命したPCEが構築した非合法労組である労働者委員会（CCOO）の組合員であり、垂直組合の多くの部分がCCOOに乗っ取られていた。PCEとCCOOは、内戦という巨大な政治的暴力が行使された出来事に対する反省に基づき、生活の安定と秩序維持を優先するスペイン中間層に浸透をはかった。そのためフランコ体制の圧倒的軍事力・警察力を前に、非暴力的な方法である垂直組合の乗っ取りと、フランコ体制の法体系内部からの労働争議活発化による社会への浸透、そしてそれをその先の民主化へ接続させるという方略を採っていた。インフレに賃金を追いつかせるためには、企業のみならずあらゆるレベルでの組織における労働者の意思決定参画が必要である、との論理で、賃上げや労働環境改善のための労働争議が、その前提条件としての企業、自治体、国家などの民主的意思決定の実現という目標と結びつけられたのである（第六章参照）。

四〇年代の国際的孤立以降、フランコ体制は公平な選挙ではなく「有機体的民主主義《オーガニック》」という言葉で、その非民主主義的性格の粉飾を行っていた（武藤、二〇一四）。つまり、国民運動という組織や、散発的に実施された官製選挙、官製国民投票においては、家族や町内会、性別、年齢層、職能などの社会の「自然」な単位が基本とされていたが、これは対外的にも民主主義体制としては認められず、国際社会への復帰がかなったのちも、公正な政治参加実現や諸自由の保障に基づく民主主義体制が条件とされていた欧州統合への参画はできていなかった。また、友好国アメリカ、あるいはスペインからの移民を受け入れていた他の西欧の民主主義各国の実情が、国営放送しか存在しなかったスペインにも徐々に広まっていった。このような背景のもと、国際社会での標準的な民主主義体制の実現の要

図2　フランコ（右）と当時の王位継承予定者、ブルボン家のファン・カルロス（1975年）

求が、スペイン社会においても見られるようになったのである（第六章）。

このような社会の側からの圧力、そしてフランコの高齢化という現状を前に、「フランコなきフランコ体制」、つまり後継体制の構築が急がれた。一九六七年には国家組織法が制定され、一九六九年、アルフォンソ一三世の孫であるファン・カルロスが「スペイン皇太子《プリンシペ・デ・エスパーニャ》」、つまりスペインの王位継承者とする決定をフランコが下した。フランコ体制下のスペインは、一九四七年の国家元首継承法により王国と定められていたが、同法は同時にフランコの国家首長（国家元首と政府首班を兼ねる）としての地位を終身と定めていた。つまり同法以降のスペインは、王なき王国であった。一九七三年、フランコは、体制初期からフランコ体制の中心に居続けたルイス・カレーロ・ブランコを、フランコ体制で初めてフランコ以外の人物として首相に就任させ、後継体制の構築を仕上げたかに思われた。しかしカレーロは同年にETAのテロによって暗殺された。後継のカルロス・アリアス・ナバーロは、民主化を求める社会とそれに呼応する反体制派および体制内改革諸派を前に、当初こそ限定的自由化路線を示していたが、体制護持を貫こうとする体制内保守派から反撃を受けると、改革派と保守派の間で身動きが取れなくなった。

一九七四年、逃亡の際に警官を殺害した民主化活動家の青年サルバドール・プッチ・アンティックに対する処刑が(5)、ローマ教皇庁も含めた国際世論の強硬な反発を無視して実施された。これは、反体制派に対してフランコ体制がいまだ苛烈な態度で臨んでいることを印象づけた。これは、本章執筆時点でスペイン史上最後の死刑執行、つまり国家の暴力行使による殺害の事例である。

フランコが、自身で開設した国内最高級の施設を誇る「平和病院《オスピタル・ラ・パス》」の病床で死亡したのは、一九七五年一一月一九日から二〇日未明にかけてとされる。二〇日であれば、ホセ・アントニオ・プリモ・デ・リベーラと命日が重なる。フランコの遺体は後日、「戦没者の谷」のベネディクト会の教会に、「神と祖国のために斃れし者」、つまり内戦の勝者として、ホセ・アントニオと並び、主祭壇の手前という教会の中心的な位置に埋葬された。

同二二日、後継者であるブルボン家のファン・カルロスは、フランコ体制の国会の議場にて神に対し宣誓を行い、国王に即位した。「余は神に、そして聖なる福音書の上に誓う。王国基本法(フランコ体制の根幹となる法律群)、および国民運動を形作る諸原則を遵守し遵守せしめると」。新国王の「正統性」は、大規模な組織的暴力の行使としてはスペイン現代史上最後、かつ最大の被害をもたらした反乱、つまり内戦によって成立した、フランコ体制の法体系に基づいていた。

おわりに――反省と「和解」から「沈黙」の告発へ

軍によるたび重なる軍事蜂起宣言、常態化した街頭暴力と弾圧、要人や聖職者の殺傷事件など、二〇世紀スペインの国家と社会には暴力が顕在していた。一方でその間も、政権交代や体制転換については、自由主義国家体制、ついで復古王政期の選挙操作による議会運営と最初の軍事独裁を経て、第二共和政での女性参政権も含めた公正な民主的選挙の実施にまで至った。しかし、三四年の革命的ゼネスト、スペイン内戦、その後の軍事独裁を回避することはできなかった。

このような政治的暴力の歴史は、亡命した共和国派と国内の反独裁体制派、フランコ体制内改革諸派のそれぞれのうちに、真剣な反省をもたらした。初期フランコ体制において反ソ反共の「十字軍」とされた内戦は、その後スペイン国民を分断した「同胞殺し」と捉えなおされた。共和国側に属した人々を弾圧するのではなく、内戦の勝者と敗者の「和解」が必要であるとの声が体制内部でもある程度浸透していた。

一九七六年六月、身動きが取れないアリアスに業を煮やした新国王フアン・カルロスはアリアスを更迭、後任に選ばれた無名の若手スアレスは、当初国王の信任のみを後ろ盾とし、その後国民へのアピールと個人的魅力、閣議決定を中心としたフランコ体制の解体という手法を用い、体制内からの改革によって民主的諸制度を短期間に構築した（永田、二〇一六）。

そうしてできた民主的議会初の大きな法律は、政治犯の釈放と、その引き換えのフランコ体制側の弾圧に対する刑事訴訟の放棄を内容とする、一九七七年の「特赦法」であった。これにはフランコ体制からの弾圧を受けていた反体制政党も含むほぼすべての政党が賛成し、これで内戦の勝者と敗者の「和解」が達成されたと当時は社会の大勢から大きな称賛を集めた。次に経済危機対策パッケージを含むモンクロア協定、その次にようやく憲法が成立した。いずれも、国民の「和解」後のほぼ全党合意、そして憲法は国民投票での「圧倒的」支持で成立し、この時期のスペインは政官財界や市民社会のエリート間協調と国民の支持に基づく「合意の政治」の期間とされる（加藤、二〇一三）。

そのように国民「すべて」を包括していたはずの「和解」であったが、冒頭でも述べたように、その置き去りにされた人々がいた。つまり、内戦の特に反乱側、およびフランコ体制による弾圧の犠牲になり、その後身元不明のままとなっていた一〇万人以上の遺体、そしてその遺族や知人友人のことである。遺体は、スペイン全国に散在する集団遺棄地に埋められたままであった。この発掘と身元確認作業は、主に遺族の手で民主化直後から行われていたが、フランコ体制側の人物に対する刑事訴訟の可能性を閉ざした特赦法とその後の「和解」の雰囲気に阻まれたため、国や自治体など公的な支援は全く期待できなかった。遺族が私財を投げうち、かつさまざまな妨害に遭いつつ進めなくてはならなかったのである（Aguilar, 2018）。

この遺族の立場から見れば、「和解」の象徴であった特赦法や、その「和解」に基づいた「合意の政治」は、過去について社会の大勢が沈黙することで「合意」した、「沈黙の協定」に過ぎないとして、称賛ではなく、非難の対象となったのである。

遺族らの地道な運動は組織化され、政治を動かしてその成果が現れ始めるが、それは二一世紀まで待たなくてはならなかった。二〇〇七年、遺族への補償などを定めた通称「歴史的記憶法」（加藤、二〇〇九）、および補償措置を更新するなどして同法を廃棄しそれに取って代わった二〇二二年の「民主的記憶法」の成立がそれにあたる。それに前後して、二〇〇六年には欧州評議会がフランコ体制への非難を、スペインよりも先に行った。また、二〇〇九年以降、国連人権委員会から過去の暴力について真実を追求する際の妨げになるものとして、特赦法を廃棄する勧告がたびたび出されており、民主的記憶法での実現が期待されたが見送られた。

他方、この通称「歴史的記憶法」および民主的記憶法に基づいて、「戦没者の谷」はその地名どおり、クエルガムーロの谷と名称を改められ、フランコとホセ・アントニオ・プリモデ・リベーラの遺体は民間墓所に移葬された。同様に、元々は一九世紀から二〇世紀に活躍したスペインの作家で女性解放の活動家でもあったエミリア・パルド・バサンが所有し、のちにフランコ家が私有化して夏の避暑のため別荘としたパソ・デ・メイラスは、フランコ家から国家が接収した。

内戦や抑圧の被害者で生き残った人々、あるいはその家族は、すでに多くが亡くなっている。年々少なくなる当事者の運動を支え、継承している人々の多くは、独裁や民主化の時代にはまだ生まれていない、現在の壮年や若者である。その人々が、民主化期の圧倒的多数派による「和解」によってかき消された少数の人々の声、数十年を経てようやく集団遺棄地から発掘された遺骨の声なき叫びを聞き、また「和解」を実際に生きて喜んだ世代との対話や、多くの場合軋轢を経ながらスペイン国内にも現れはじめた理解者や国際世論の後押しを受けつつ、その叫びを現代のスペインに届けようとしている。

スペインの人々は、テロ、武装革命、反乱、クーデタなどの暴力に依存しない政治変動を実現する民主主義の政治体制を導入することに成功した（第六章参照）。しかし、過去に行使された暴力と向き合うプロセスは、ようやく始まったばかりである。

（1）地域ナショナリズムが興隆したのはカタルーニャだけではない。フランスとスペインにまたがるバスク地方のスペイン側においては、現在までバスク・ナショナリズムの主要政党であり、政治的には保守寄りのバスク・ナショナリスト党（ＥＡＪ-ＰＮＶ）が一八九五年に設立されていた。

（2）スペイン内戦はスペイン語 Guerra Civil Española の和訳であり「内戦」とするのが正しい。しかしこの civil を「スペイン市民戦争」とする邦語文献が散見されるが、端的にいって誤訳である。また呼び名についていえば、二〇二二年に成立した「民主的記憶法」の前文においては、この戦争の共和国側からの呼称である「スペイン戦争 Guerra de España」を現代においても正式な呼称とする提案がなされている。

（3）マディソン・プロジェクト・データベース二〇一三年版（最終閲覧：二〇二三年七月七日）https://www.rug.

nl/ggdc/historicaldevelopment/maddison/releases/maddison-project-database-2013

（4）一九五九年の分離、そして一九六八年のテロ活動開始から二〇一八年の解散まで、実に八五三名が殺害、負傷者約七〇〇〇名、テロ事件認知件数は約三五〇〇件に上る。

（5）この事件を題材とした映画『サルバドールの朝』は、むろん脚色もあるが名作の誉れ高く、日本語字幕・吹き替え版が入手できる。

【出典・参考文献】

加藤伸吾「スペイン『歴史記憶法』の成立過程（二〇〇四〜二〇〇八年）」『外務省調査月報』二〇〇八年度第四号、一―二八頁、二〇〇九年。

――――「モンクロア協定と「合意」の言説の生成（一九七七年六〜一〇月）―世論、知識人、日刊紙『エル・パイース』」『スペイン史研究』第二七号、一―一八頁、二〇一三年。

立石博高編著・中塚次郎・合田昌史著『スペイン・ポルトガル史　下』山川出版社、二〇二二年。

永田智成『フランコ体制からの民主化―スアレスの政治手法』木鐸社、二〇一六年。

武藤祥『「戦時」から「成長」へ―一九五〇年代におけるフランコ体制の政治的変容』立教大学出版会、二〇一四年。

AGUILAR, Paloma, "Memoria y transición en España. Exhumaciones de fusilados republicanos y homenajes en su honor", *Historia y política. Ideas, procesos y movimientos sociales*, Núm. 39, 2018.

CASANOVA, Julián, *The Spanish Republic and Civil War*. Cambridge, Cambridge University Press, 2010.

GIBSON, Ian, *El hombre que detuvo a Federico García Lorca. Ramón Ruiz Alonso y la muerte del poeta*, Madrid, Aguilar, 2007.

JULIÁ, Santos (coord.), *Víctimas de la guerra civil*. Madrid, Temas de hoy, 1999.

―――― *Guerra civil española*. Barcelona, Shackleton Books, 2019.

MORADIELLOS, Enrique, *Historia mínima de la Guerra Civil española*. Madrid, Turner, 2016.

PRESTON, Paul, *The Spanish Holocaust: Inquisition and Extermi-*

nation in Twentieth-Century Spain, London, Harper Press, 2012.

VIÑAS, Ángel (ed.), *En el combate por la historia. La República, la Guerra Civil, el franquismo*. Sant Cugat del Vallès, Ediciones de Pasado y Presente, 2012.

第三章　「二七年世代」の女性作家たち
――コンチャ・メンデスとマリア・テレサ・レオン

坂田幸子

はじめに

一九世紀末から一九三九年のスペイン内戦終結までの数十年間、スペインでは文学や芸術の各方面でさまざまな才能が開花し、優れた作品が生み出された。この特色ある時代は、一六世紀から一七世紀にかけての小説家セルバンテスや画家ベラスケスが活躍した「黄金時代」あるいは「黄金世紀」に次ぐ文化隆盛の期間ということで、「銀の時代」と呼ばれる。(1)「銀の時代」はいくつかの世代に細分化されるが、その中でもここでは「二七年世代」を取り上げる。この名称は、黄金世紀の詩人ゴンゴラ（一五六一～一六二七）の没後三百年を記念して、一群の詩人がその功績を顕彰する集まりを開いたことに由来する。ここに集まった詩人たちは主に一九〇〇年前後の生まれで、二〇年前後に起きた前衛

図1　「二七年世代」の集合写真（1927年12月セビーリャにて）
出典）ALBERTI, Rafael, *La arboleda perdida*, 1, Madrid, Alianza Editorial, 1998.

文学運動と、自国の豊かな文学的伝統や民衆的要素の融合をめざし、スペイン詩に新たな境地を開いた。詩人たちが中心だったが、たとえば同世代の画家サルバドール・ダリや映画監督ルイス・ブニュエルなども「二七年世代」に含めることがある。彼らは王政から共和政を経て内戦を経験し、多くの場合には亡命という、二〇世紀スペインの激動の歴史に翻弄された。

「二七年世代」といえば、スペイン文化関連の書籍に必ず掲載されるのが、前述の、ゴンゴラ没後三百年記念の催しの際に撮影された写真だ（図1）。左端のラファエル・アルベルティ、その隣のフェデリコ・ガルシア・ロルカをはじめ、文学史に出てくる「二七年世代」の詩人の大半が勢ぞろいしているが、ここに女性の姿はない。

だが実際にはこの時代のスペインでは、ペンによって生きることを選んだ女性たちが初めてまとまった形で現れ、男性たちと同じように新聞や雑誌に寄稿し、作品を出版していた。彼女たちは時代が変わりつつあると感じ、自分たちの活躍できる時代になると信じて創作に励んだ。しかしその存在は内戦以降ながらく忘れ去られたままとなってしまった。彼女たちの作品の発掘、研究、再評価が本格的に行われるようになったのは、今世紀になってからである。「二七年世代の女性たち」は、二〇世紀スペイン文化・文学の分野で、二一世紀になって四半世紀近くたった今、もっとも熱い視線を浴びているテーマのひとつだろう。

本章では詩人コンチャ・メンデス（一八九八〜一九八六）と作家マリア・テレサ・レオン（一九〇三〜八八）という、時には交わり、時にはまったく異なる道を歩んだふたりの女性の生涯と作品を並行して扱う。まず第一節では、一九三一年の共和政成立までの時期を扱い、知識欲と自立心あふれるふたりの女性が、家父長制度的なメンタリティが強く残る時代に生を受け、ジェンダー規範を乗り越えて自立していく過程をたどる。第二節では、共和政と内戦の時期におけるそれぞれの活動と自己実現について述べる。第三節では、内戦後の亡命生活を扱う。いずれにおいても、彼女たちの作品を取り上げ、作品の中に彼女たちの心理やメッセージを読み解いていく。また、それぞれの亡命生活中、メンデスは『コンチャ・メンデス―語られた記憶、組み立てられた記憶』、レオンは『憂愁の記憶』という回想録を残した。彼女たちの人生やその時々の心境について知るため、本章ではこれらの回想録を参照する。特に第三節ではこれらを分析することによって、亡命による喪失感とアイデンティティの危機についても考えたい。

（引用はすべて筆者の訳による。出典の記載のない場合は、それぞれの回想録からの引用である。回想録以外からの引用は括弧内に出典を記す。）

一　自己実現を模索して——共和政成立まで

1．メンデスとレオンの幼少期

コンチャ・メンデスは一八九八年、マドリードに生まれた（図2）。父親は地方の左官から身を起こし、マドリードに出て建築業で成功を収めた立志伝中の人で、母親は没落貴族の家柄だ。コンチャは一一人きょうだいの長女。父親の事業は順調で、自動車が町に出回るようになると、みずからイタリアに赴き、優に九人乗れるような大型のフィアットを購入して帰ってきたというエピソードからうかがえるように、豪快な性格だったらしい。彼女は、自分の冒険好きの性格は父親の血筋から受け継いだものだと述べている。

メンデスは七歳の時、フランス系の学校に入学する。当時は基本的に、男女別学である。成績優秀だったが、彼女は学校に不満だった。というのも男子校の生徒たちは高等教育に進むために必要な科目を学べるのに、自分たちが受ける授業は、地理と歴史の基礎を少しと、あとは家計管理、衛生学や裁縫など、妻となり母となるために必要なことのみだったからだ。また、将来の夢を語ろうとしても、

図2　コンチャ・メンデス（1898－1986）

出典）ULACIA ALTOLAGUIRRE, Paloma, *Concha Méndez. Memorias habladas, memorias armadas*, Sevilla, Editorial Renacimiento, 2018.

図3　マリア・テレサ・レオン（1903－88）

出典）LEÓN, María Teresa, *Memoria de la melancolía*, Ed. de Gregorio Torres Nebrera, Madrid, Castalia, 1999.

「女は何にもならないから」で片づけられてしまうのにも腹立たしさを覚えていた。

一四歳の時、彼女は親の判断で学校をやめさせられる。家にいても両親は、本はおろか新聞を手にすることすら認めてはくれない。メンデスは「体の軸を引き裂かれるよう」に思い、「砂漠に取り残されたような感覚」を覚えた。その後も知的好奇心を抑えきれず、ある時こっそりと大学に講演会を聴きに行くが、母親はそれを知ると激怒したという。

マリア・テレサ・レオンは一九〇三年、北部の町ログローニョに生まれた（図3）。父親は職業軍人、母親は歴史ある町ブルゴスの名家出身という高級ブルジョワジーの家庭だ。父親は仕事の関係で転勤が多く、レオンが二歳の時、一家はマドリードに移り住む。彼女はマドリードで修道会の運営する女子校に入学するが、抑圧的な指導になじめず、修道女たちの課す厳しい規律に反発してたびたび学校から逃げ出し、ついには退学を勧告されるまでになる。多感な少女はアレクサンドル・デュマやビクトル・ユゴーの小説に熱中するが、それもまた問題児扱いされる原因だった。

なにもメンデスやレオンの家庭が例外的だったわけではない。当時の一般的な考えでは、女子の教育は「家庭の天使」、すなわち良き妻・良き母となるためのものだったので、高等教育は不要とされ、空想癖を刺激する読書はむしろ害だと思われていた。メンデスとレオンは経済的には何不自由ない家庭の出身で、その点では同時代の他の多くの女性たちよりも恵まれていた。ただ、望むような教育を受けることができず、また、ブルジョワ家庭としての行動上の制約もあった。だが彼女たちはそれに屈せず、生まれ育った環境から飛び出していく。

2. レオン――社会派作家への道

マリア・テレサ・レオンは学校の教育にあきたらず、厳格な指導に息の詰まる思いをしていたが、彼女には身近にあこがれの存在がいた。二歳年上の親戚の娘ヒメナである。(2) ヒメナの父親は、国民的な古典作品である武勲詩『わがシッドの歌』の研究で知られる偉大な文献学者ラモン・メネンデス・ピダル、母親は同じく文献学者で文学研究者のマリア・ゴイリだ。マリア・ゴイリは、女性が大学で学ぶことがまだ認められていなかった時代に特例としてマドリード大学への入学を認められ、スペインで最も早い時期に博士号を取得した女性のひとりである。ラモン・メネンデス・ピダルとマリア・ゴイリ夫妻はふたりで村々を訪問して口承文学の調査をするなど、当時の夫婦としてはまれなことに、対等の同志という立場で共同研究をした。夫妻は自分たちの娘を、『わがシッドの歌』の英雄シッドの妻と同じく、ヒメナと名付けた。レオンは放課後の時間を彼らの家で過ごすのが好きだった。そこにはヒメナがいる。自分と違い、彼女は「マドリードの街をひとりで歩く。付添なしで学校に通う。しかも修道女のいない学校に。どんな本でも読ませてもらえる」のだ。昔ながらの行動規範では、独身女性はひとりで出歩くことを許されず、外出の際は付添の女性の同伴が必要だった。ヒメナが街をひとりで歩き、付添なしで学校に通うことができたのは、彼女の家庭が例外的に自由で進歩主義的だったからだ。

ヒメナが通っていたのは、自由教育学院という組織の運営する学校だった。自由教育学院は、近代になって衰退と低迷の続くスペインを憂え、祖国を再生させるための鍵として人材育成の重要性を痛感した教育学者や思想家たちによって、一八七六年に結成された。この組織は、児童対象の事業としては初等・中等教育校を創設し、男女共学、教育からの宗教色の排除、子どもの自主性の尊重、課外活動や情操教育など、当時としてはきわめて革新的な教育を実践した。また高等教育の部門では、マドリードで学ぶ地方の男子学生向けの寮として「学生館」を開設、運営した(3)。これは単なる寮ではなく、自由教育学院の理念を具現化する場所でもあり、国内外の超一流のゲスト——作曲家ストラヴィンスキー、哲学者ベルクソン、物理学者のキュリー夫人など――を招いて講演会が開かれるなど、学際的な交流が活発に行われた。詩人フェデリコ・ガルシア・ロルカ、画家サルバドール・ダリ、映画監督ルイス・ブニュエルは、いずれも学生館時代の仲間だった。卓越した才能と強烈な個性の芸術家たちが切磋琢磨し創作に励んだ学生館は、二〇世紀スペイン文化の神話である。自由教育学院はさらに、研究者や専門家を対象とした学術支援のための評議会を設置して研究助成を行うなど、幅広い活動を展開した。自由教育学院なくして、スペイン文化の「銀の時代」を担う人材育成はなかったと言っても過言ではない。だが内戦でフランコ軍が勝利し独裁政権の時代になると、自由教育学院は解散に追い込まれ、その施設もすべて閉鎖された。

ヒメナ・メネンデス・ピダルは、長じてからは教育者の道を歩む。内戦後も祖国に残った彼女は、独裁政権の介入と抑圧に苦しみながらも、自由教育学院の精神を少しでも継承できるよう、一九九〇年に死去するまで教育に心血を注いだ。

さて、マリア・テレサ・レオンは、一四歳からは父の勤務地であるブルゴスで暮らし、一七歳の時にその地で結婚する。ふたりの子どもが生まれるものの、夫婦仲は悪化する。二四年に初めて地元の新聞『ブルゴス日報』に寄稿し、数年間にわたってこの新聞に記事や物語を発表するようになる。彼女が書いた記事には、社会的弱者への共感、女性の権利や尊厳の主張など、生涯をつうじて彼女が抱き続ける問題意識がすでに鮮明に表れている。二八年には童話『夢見るための物語』を刊行。七歳になる長男に向けて書いた物語だが、レオンは主人公を少年ではなく、あえてネナソルという名の少女にした。少女は湖の底に隠れて暮らす妖精たちの魔法の力を借りて、青い鳥の翼に乗り、世界を旅する冒険に出る。白雪姫、シンデレラ、赤ずきんなど、古今の伝説や童話の人物が次々と登場する愉快な物語だが、単に楽しいだけではない。主人公ネナソルが旅する先で目にしたものは、疎外されて生きる人々や貧しい人々の苦難と悲しみだった。旅から帰還した彼女は湖底の妖精たちに、今こそ地上に姿を現して、人々を助け、希望を与えてほしいと訴える。この物語には、よりよい公正な社会を求めるレオンの強い気持ちがこめられていると言えるだろう。

ほどなくして結婚生活は完全に破綻するが、当時の法律では離婚が認められていなかったため、彼女は夫と子どもを地方に残したまま、ひとり上京する。そして二九年、ある詩人と知り合う。海への郷愁を爽やかに詠んだ詩集『陸の船人』（二四年刊行）で国民文学賞を受賞して注目を集め、フェデリコ・ガルシア・ロルカと並んで「二七年世代」を代表する詩人となるラファエル・アルベルティ（一九〇二〜九九）だ。世間は夫と子どものいる女性と新進気鋭の詩人の交際を騒ぎ立てたが、ふたりはまもなく生活を共にするようになった。

3. メンデス——モダンガールの冒険

コンチャ・メンデスは、いつか自分の育った環境から飛び出して、広い世界を知るのだと心に決めていた。だが機会が到来するのはもう少し先のことだ。少女時代、彼女はスポーツ万能だった。スポーツを楽しむことがまだ普及していなかった時代でありながら、水泳大会で優勝し、テニスやスキーをし、自転車にも乗る。彼女の一家は毎年夏になると北部の海沿いの都市サン・セバスティアンで休暇を過ごしたが、ある時、そこで同じようにマドリードから避暑に来ていた若者と知り合う。のちにシュルレアリスム映画の巨匠となるルイス・ブニュエルである。当時彼はマドリード大学の学生で、前述の学生館の寮生だった。メンデスとブニュエルは七年間、交際を続ける。第一次世界大戦が終結した頃のことだ。参戦せず中立国だったスペインは好景気で、都市部ではパリやロンドンからもたらされた流行が受け入れられるようになっていた。メンデスとブニュエルも、都心のレティーロ公園での野外映画上映、まだ完成してまもないリッツやパラセという高級ホテルでのアフタヌーン・ティやダンス・パーティなど、当時のマドリードの若者たちの流行最前線のライフスタイルを享受した。だがその一方、独身女性の単独外出はメンデス家でも許されてはおらず、メンデスとブニュエルが会う時には、必ず付添の女性が一緒だったという。

長く続いた交際だったが、二五年、ブニュエルが映画の勉強のためにパリに行き、関係は終わりを迎える。だが、ブニュエルとの交際がきっかけとなって知り合ったフェデリコ・ガルシア・ロルカやラファエル・アルベルティとの友情は続き、彼女が詩を書くと知ると、彼らは韻律など詩の技法について教えたり、詩作上の助言をしたりと、協力を惜しまなかった。アカデミックな知識が欠けていることを痛感していたメンデスだが、友人たちのサポートによって文学の世界に足を踏み出すことができたのである。

　メンデスは二六年に最初の詩集を刊行する。二八年に発表された二作目の詩集『噴水』には、彼女の覚悟あるいは決意のようなものが読み取れる。たとえば「スイマー」という短い詩――「私の腕は／櫂。／竜骨は／私の体。／舵は／私の思考／（後略）」（Méndez, 2008）。みずからの身体を櫂や竜骨など船に譬えているのが、いかにも水泳チャンピオンのメンデスらしい。しかも「舵は／私の思考」とあるように、この船（＝私）は他者の意思に従う受身の存在ではなく、みずからの思考によって行動する主体なのだ。あるいは同じ詩集の「飛行」という詩――「〝君が首に巻く／バラ色のスカーフをぼくにおくれ。／その襞《ひだ》のなかに／君の思い出のバラをしまっておこう〟／（中略）／私は手袋をはめた手で握手した。／操縦室に乗り込む。／彼は地上に残った（私たちの／あいだにかかる沈黙の虹）。／（中略）／海岸から離れ／機体は沖へと進んでいく／新たな海岸と／まだ見ぬ海と空の夢を胸に。／私は空の道に／夢のランタンを灯した。／（でも、私の何かが／胸の機体のなかで泣いていた……）」（Méndez, 2008）。「バラ色のスカーフをおくれ」と言っているのは、「私」と親しい男性だろう。だが「私」は男性を地上に置き去りにし、未知の世界への期待に胸を膨らませて空へと飛びたつ（最後の二行は、いささか感傷的だが）。前に述べたマリア・テレサ・レオンの『夢見るための物語』とコンチャ・メンデスの詩集『噴水』は、奇しくも同じ年の刊行である。『夢見るための物語』の少女ネナソルも、『噴水』所収の詩「飛行」の「私」も、いずれも空飛ぶ冒険の旅に出るのが男性ではなく女性だというのは興味深い。レオンの物語でもメンデスの詩でも、伝統的には男性に割り当てられていた役割を、女性が乗っ取っているのだ。余談だが、二八年一一月に、スペイン初の女性飛行士が誕生する(4)。太古の昔から、空を飛ぶのは、規則や束縛から逃れて自由になりたいという願望を表す象徴的行為だが、メンデスやレオンがこれらの作品を書いた頃には、女性が空を飛ぶのは実現不可能な夢ではなく、手が届くかもしれない夢になっていた。

その頃のメンデスの親しい遊び仲間に、画家のマルーハ・マリョがいる。奔放な想像力と、それをカンヴァスで存分に表現できる技量の持ち主だったマリョは、内戦と亡命によるキャリアの中断がなければ、シュルレアリスムを代表する女性画家として国際的な評価を早い時期から得ていたことだろう。メンデスとマリョはある日、帽子をかぶらずに外出することを思いつく。メンデスが帽子なしで家を出ようとしたところ、母親は「石を投げつけられるわよ」と警告したという。当時のドレスコードでは、良家の女性が帽子なしで外出するのは大変なスキャンダルだった。しかしメンデスとマリョはあえて無帽で街を歩くことにより、伝統や因習に逆らう意思を世間に向けて公にした。いや、彼女たちだけではない。因習に縛られず、みずからのありかたに関する意思決定権を行使しようとする女性たちが、彼女たちに続いて帽子なしで街を歩き始めた。二〇一五年にスペイン国営放送が、この時代に新しい生き方を模索した女性の作家や芸術家を取り上げたドキュメンタリー番組「帽子をかぶら《ラス・シンソン》ない女たち《ブレロ》」を放送するや、大きな反響を呼んだ。同世代の男性の詩人や芸術家の陰となり、それまで一般には、女性の詩人や芸術家の存在はあまり知られていなかった。だがこの番組に続いて、同名の書籍も出版され、さらに二〇二二年には彼女たちを紹介する展覧会も開催されて、(5)「二七年世代の女性たち」の存在が広く知られるようになった。最近では彼女たちを、「帽子（ソンブレロ）なし（シン）」を意味する「シンソンブレロ」と呼ぶことも多い。

さて、メンデスの興味は映画の仕事にも及び、『あるタクシーの物語』（二七年）では台本を執筆した。残念ながらフィルムは残っていないので詳細はわからないが、男女の恋のドタバタを扱ったストーリーで、語り手が人間ではなくタクシーという、斬新な設定だった。彼女は、できれば監督や製作にも挑戦したいと考えたが、「スペインでは女性に投資してくれない。女性の可能性を認めてくれない」（Valender, 2001）と悔しそうに語っている。監督や製作を手がけることはできなかったものの、メンデスが、スペインでもっとも早い時期に映画関係の仕事をした女性であるのは間違いない。

二九年、メンデスは家出同然でロンドンに渡る。彼女はすでに、帽子もかぶらず付添の同伴も断って外出するなど、生まれ育ったブルジョワ家庭の環境から脱出するため、少しずつ行動の自由を獲得してきていた。スペイン語教師の資格も取得して、生計を立てる準備も進めてきた。ついに自立の時が来たのだ。ロンドンではスペイン語教師として収入を得ながら、映画のスタジオ見学なども経験。半年後に帰国した時のことを、彼女はこう回想する――「もうもとの生活に戻ることはできない。働くことを覚えたし、自立した生活が好きだった」と。当時のインタビュー記事では、「私は世界市民になりたい」とも語っている（Valender, 2001）。その思いを実現すべく、数か月後にはアルゼンチンに渡航する。首都ブエノスアイレスに滞在中、三作目の詩集『海と大地の詩』を刊行し（挿画はホルヘ・ルイス・ボルヘスの妹ノラ・ボルヘス）、雑誌に寄稿し、スペイン文学についての講演をし、現地の文学者たちと交流するなど、充実した日々だった。アルゼンチン滞在中のインタビューで彼女は、「自分は芸術と社会、両方の最前線に身を置いています」（Valender, 2001）と誇らしげに語っている。

シャーリー・マンジーニの著作『マドリードの現代的な女たち《モデルナス》』は、一九世紀末からスペイン内戦までの教育や労働など女性をめぐる社会状況とフェミニズム運動について概観し、女性の知識人のライフスタイルや社会参加への意識について考察した研究書だ。男性と対等であることを当然と考え、精神的にも経済的にも自立し、ひとりで外国に旅行するコンチャ・メンデスは、マンジーニの著作タイトルにある「現代的な女《モデルナ》」そのものであった。

二　自立と飛躍――共和政から内戦へ

1．共和政の時代（一九三一～三六）

スペインは激動の時代を迎えていた。一九三一年四月の総選挙で左派の人民戦線が勝利し、国王アルフォンソ一三世の亡命によって、スペインは第二共和政の時代となる。共和国政府は国の近代化と公正な社会の実現をめざして、土地改革、公教育の充実、男女平等に向けた法改正、政治と教会の分離など、多くの改革に着手した。これらの改革がすべて実現したり成功したりしたわけではない。だが共和政成立が新しい時代の到来を意味し、多くの女性たちに希望を与えたのは確かだ。

メンデスは三一年六月にアルゼンチンから帰国する。アルベルティやロルカの友人で、やはり「二七年世代」の詩人であるマヌエル・アルトラギーレ(一九〇五〜五九)と出会い、翌年に結婚。ふたりは印刷と出版を手がける工房を開いた。紙質やデザインにこだわるアルトラギーレが植字を担当し、重たい印刷機を操作するのは体力のあるメンデスのほうだ。当時のふたりの写真では、スーツ姿の夫のかたわらで、メンデスは労働者の仕事服である青いつなぎを着ている。三三年、ふたりは印刷技術の研修のためにロンドンへ渡る。二年に及ぶ留学生活の間に娘が誕生した。三五年に帰国すると、自宅に印刷機を設置し、印刷工房を再開する。ふたりの工房からはガルシア・ロルカ、ルイス・セルヌーダ、ミゲル・エルナンデスなど、「二七年世代」を代表する詩人たちの詩集が旅立っていった。彼らの仕事は「二七年世代」の活動を陰で支え、スペイン詩の隆盛に貢献したのだ。自宅にはふたりの共通の友人が集まって語り明かし、メンデスにとっては仕事もプライベートも充実した日々だった。

一方、マリア・テレサ・レオンの人生も大きな転機を迎える。共和政になって法律が改正され離婚が認められたことにより、三三年、彼女は前夫と正式に離婚し、アルベルティと結婚した。さらにふたりはそろって共産党に入党する。結婚に先立つ時期のことだが、ふたりは演劇の最新事情の視察のため、ソビエト連邦やドイツをはじめとする欧州諸国を歴訪した。ソビエト連邦で革命が芸術や社会の改革のために大きな成果を上げているのを見聞する一方、ドイツではヒトラーによるファシズムの脅威が日に日に大きくなるのを間近で見て危機感を抱く。こうした経験からふたりは共産主義へ傾倒していった。当時、共産主義とは、格差のない社会の実現を可能にする思想として捉えられ、支持者には、社会変革による理想的な社会の建設を望む各国の知識人たちも少なからずいた。

共和政の成立後もスペインの政情は改革と反動の間で揺れ動き、ついに三六年七月、フランコ将軍率いる反乱軍と共和国政府との間でスペイン内戦が始まる。共和国政府の砦であるマドリードを包囲したフランコ軍は、市街地に容赦なく空爆や砲撃を行う。メンデスは幼い娘を守るため、娘を連れて国外に避難し、知人を頼りながら、パリ、ロンドン、ブリュッセルを転々とした。夫のアルトラギーレは共和国政府を支援する活動に従事するため国内に残った。

2. 内戦の時代（一九三六〜三九）

内戦勃発後まもなく、多くの作家、芸術家、文化人らが立ち上がり、共和国政府を支援しファシズムから文化と言論の自由を擁護しようと、「反ファシズム知識人同盟」を結成した。レオンとアルベルティは中心的メンバーだった。この組織でレオンが中心となった活動が三つあるが、すでに他で詳しく書いているため、ここでは簡単に述べるにとどめる。(6) 三つの活動の第一は、少人数の移動劇団で地方を巡回し、労働者や農民あるいは前線の兵士たちのために即席の舞台で芝居を上演した「演劇のゲリラ」。第二は、空爆の激しくなったマドリードからプラド美術館の名画などを守るためにバレンシアへ避難させた「プラド美術館疎開」。そして第三は、三七年夏に世界各国の作家をバレンシアに招いて開催された「文化擁護のための国際作家会議」だ。この会議は、参加者たちにスペイン内戦の現実を見てもらい、共和国支持のメッセージを世界に発信してもらう目的で開催された。参加者の中には、メキシコの詩人・批評家オクタビオ・パス、フランスの作家アンドレ・マルロー、チリの詩人パブロ・ネルーダ(以上三人はいずれものちにノーベル文学賞を受賞)、前衛芸術運動ダダの創始者トリスタン・ツァラ、チリの詩人ビセンテ・ウイドブロ、ペルーの詩人セサル・バリェッホがいる。こうした顔ぶれを見るだけでも、当時いかに世界の文化人たちがスペイン内戦の趨勢を注視していたかがわかるだろう。この国際会議でレオンは運営の中心となり、分科会の議長もつとめた。

以上述べてきたいずれの活動においても、内戦という非日常の事態が、レオンをジェンダーロールから解放し、彼女の潜在的な資質を開花させた。(7) 並外れた統率力と企画力、疲れを知らぬ行動力、砲弾の飛び交う中でも必要とあらば駆け出していく勇敢さ……。フランコ軍に包囲された首都で食糧事情は困窮を極め、命の危険にさらされつつも、レオンにとってこの三年間は、性別に関係なくひとりの同志として仲間たちから認められ、能力を発揮することのできた年月だった。彼女はのちに「人生でもっとも素晴らしい日々は、輝く瞳をしたあの三年間だった」と振り返ることになる。

ドイツ軍やイタリア軍の支援を受けて戦力的に勝るフランコ軍は有利に戦いを進めた。三九年一月には共和国の重要な拠点だったバルセロナが、そして三月末にはマドリードも陥落する。四月一日、フランコ軍の勝利で内戦は終わった。共和国の兵士や支持者たちは迫害を怖れ、国外へと逃れていった。四〇万人以上の人々が亡命したと言われる。

レオンとアルベルティはは空路アルジェリアのオランをめざし、そこからフランスに脱出する。旧知のパブロ・ピカソやパブロ・ネルーダらの援助を受けてパリに滞在したのち、四〇年、マルセイユから船に乗り、ブエノスアイレスに到着した。マヌエル・アルトラギーレは命からがら徒歩で国境を越えてフランスに逃れたが、そこで強制収容所に入れられる。心身ともに極限状態の日々を過ごしたのち、パリでようやくコンチャ・メンデスや娘と再会を果たすことができた。

三　喪失と忘却に抗《あらが》って——亡命の日々

1．メンデス——喪失の悲しみから人生の肯定へ

コンチャ・メンデスとマヌエル・アルトラギーレの一家はメキシコをめざして船に乗るが、船内で幼い娘がはしかにかかったためキューバで下船を余儀なくされる。そのままキューバで四年ほど暮ら

することになり、ようやく当初の目的地だったメキシコに到着したのは四三年のことだった。一家は首都メキシコシティで生活を再建しようとするが、その翌年、メンデスにとって思いもよらない出来事が起きる。夫が他の女性のもとに去ってしまうのだ。亡命、スペインに残してきた母の死、夫との別離と、幾重にも喪失が重なった頃に出版された詩集『影と夢』に、かつての前向きで明るく力強いメンデスの面影はない。

「影」という詩を引用する。「（前略）／池の水に／空が反射し、／神秘的な星のきらめく／水の空ができていた。／私はふちに腰を下ろす。夜が／帆を広げた。／はるか彼方へ私たちを運んでいく／まるで船のようだ。／（中略）／漆黒の悲しみに／心は打ちひしがれる。／悲しみは五感を葬り、／私たちを暗闇のなかに置き去りにする」（Méndez, 2008）。かつての詩では、船を操るのは「私の思考」だった。しかしこの詩の「私たち」はなすすべもなく、死や恐怖や悲しみの象徴である夜という船に運ばれていく。翌四五年に発表された戯曲『ひとりぼっちの男』は、運命や追憶という抽象的な概念が擬人化されて登場する神秘劇だ。主人公は「孤独」という登場人物に向かってこう言う――「守っておくれ、お前は／私の愛する存在なのだから。／私はお前のものとなるために／すべてを投げうった」（Méndez, 2022）。

ところで、同じくメキシコに亡命してきた作家マックス・アウブが小説『フランシスコ・フランコの死の真相』で辛辣なユーモアを交えて書いたように、亡命してきた男たちはメキシコシティのカフェで毎日のように長居をして、政治談議に明け暮れた。だがこうした場は女性に対して排他的なホモソーシャルな空間で、女性の入る余地はない。夫を介しての人間関係も、離婚によって断たれた。党派主義を嫌ったメンデスは、亡命者グループの仲間付き合いにも消極的で、次第にひきこもるようになり、作品を発表する機会もいちじるしく減っていった。

コンチャ・メンデスと別れたアルトラギーレは、五九年、スペインへの一時帰国中に交通事故により突如として帰らぬ人となった。訃報に接し、メンデスがアルトラギーレに捧げて書いた詩には、彼への変わらぬ愛情と深い悲しみが表現されていて、読む者の胸を打つ。

スペインでは次第に「二七年世代」の詩人たちの評価が高まっていった。亡命せずスペインに残った詩人たちのうち、六八年にはダマソ・アロンソが王立言語アカデミーの会長に就任、七七年にはビセンテ・アレイクサンドレがノーベル文学賞を受賞した。「二七年世代」の男性詩人たちについて話を聞こうと、メキシコのメンデスのもとを訪ねてくる人もいたが、メンデス自身の生涯や作品についてては何の興味も示さない。大半の人々にとって、メンデスは「二七年世代」の詩人の妻だった女性、でしかなかった。

だが、メンデスの孫娘パロマ・ウラシア・アルトラギーレは、祖母が自立した女性として、詩人として、人生を切り拓いてきたこと、内戦前には時代の最先端で活躍していたことを知っていた。そして祖母が、人々の自分に対する無関心に失望し、口を閉ざし、年老いていくのを、切ない思いで見ていた。メンデスが八二歳の時、(8) パロマ・ウラシアは祖母に、口述による回想録を作ろうと提案する。祖母と孫娘の長時間にわたる録音セッションを経て完成したのが、回想録『コンチャ・メンデス―語られた記憶、組み立てられた記憶』である。パロマ・ウラシアは「まえがき」で、「亡命者の特徴のひとつは、みずからのアイデンティティが失われたと感じることだ。それゆえ亡命者にとっての記憶は二重の意味で重要となる。それまで人生を送ってきた世界が失われてしまったからには、回想は単なる郷愁の域を超えて、アイデンティティの脊柱となる」と書いている。メンデスは孫娘を前にみずからの人生を語り進めるにつれ、自分が、数知れぬ障壁や苦難にもかかわらず、自立を成し遂げ、自由を獲得し、持ち前の進取の気性に忠実に生きてきたことを確認する。メンデスにとって回想録の口述は、過去の自分と現在の自分をひとつに結びあわせ、アイデンティティを回復し、自分の歩んできた人生を意義あるものとして肯定する行為にほかならなかった。回想録の最後、メンデスは人生を総括して、自分は幸福と不幸のどちらだったのかと自問し、天秤は幸福のほうに傾くと結論づける。この回想録の扉裏には、「パロマへ、語られた記憶を。祖母へ、組み立てられた記憶を」とある。祖母が孫に語った記憶を、孫が記録し組み立てて祖母の手に戻す。回想録のタイトルの所以である。

2. レオン――女性として、亡命者として、存在の意味を問う

マリア・テレサ・レオンとラファエル・アルベルティは当初、ブエノスアイレスを経て最終目的地

のチリに向かう予定だったが、アルゼンチンの首都で旧知の友人や、内戦中にスペイン共和国を支援した人たちにあたたかく迎えられて過ごすうち、予定を変更して、この国で新たな生活を築くことを決意する。四一年には娘が生まれた。生活のためという事情もあったとはいえ、レオンの仕事量は驚くばかりだ。新聞雑誌に記事を書き、さまざまなテーマの講演をこなし、映画の台本を執筆し（スペイン黄金世紀の大劇作家カルデロン・デ・ラ・バルカの『おばけ貴婦人』を翻案して台本を書いた映画は大成功だった）、さらにラジオの文化番組のパーソナリティとしても活躍した。五五年には、アルゼンチン政府からようやくパスポートが発行されて他国との往来が自由になる。アルベルティに同伴して国外旅行――ソビエト連邦、欧州諸国、中国、ラテンアメリカ各地――の機会も増え、東ドイツでは劇作家のブレヒト、キューバではヘミングウェイ、フランスではピカソなど、亡命以前の友人たちと旧交を温めた。

多忙な日々を送りながら、レオンは小説の執筆も続けていた。この時期の作品として、『ドニャ・ヒメナ・ディアス・デ・ビバール』（六〇年刊行）を紹介しよう。タイトルは主人公の名前に由来する。すなわち、スペインの国民的叙事詩の英雄シッドの妻ヒメナである。そもそも一二世紀に成立したとされる叙事詩では、ヒメナの登場場面はごくわずかだ。しかしレオンの書いた小説は彼女を主人公とし、英雄の妻の立場から物語を語り直している(9)。彼女は、王国の都ブルゴスから奸計によって追放され、イスラム勢力相手の戦いに出ていく夫を見送る。はたして生きて帰るのかもわからぬ夫を待ち続け、子どもを育て、夫不在の間に生じるさまざまな難題をしのぐ。この小説でレオンは、スペイン共和国政府のために戦った男たちの妻の姿をヒメナに仮託して描いた。男たちの中には、あるいは戦死し、あるいは共和国政府の敗北後に投獄されたり、亡命したりした者もいる。女たちはいつともしれぬ再会までの日々、男たちの無事を祈りながら、不安と孤独に耐え、家を守った。レオンは『わがシッドの歌』を、ヒメナを主人公とし、その視点から語り直すことによって、男たちの陰になって語られることのなかった女たちの心情に寄り添い、その心理をつぶさに描いたのだ。ここには女たちの復権を願うレオンの気持ちを読み取ることができる。さらに、レオン自身の人生を思い出してみれば、この小説にこめられた強い思いを理解できよう。すなわち、少女時代の知的渇望を満たしてくれたメネンデス・ピダル家、そこで親しんだ中世の叙事詩や口承文学、当時のレオンにとってのロールモデルだったメネンデス・ピダル家の娘ヒメナ、そして、自分の人生と強いつながりのある土地ブルゴスなど、この小説には彼女の人生を画した重要な要素が盛り込まれているのだ。

ブエノスアイレスでの年月は充実していたが、アルゼンチンの政治で軍部が台頭するにつれて、共産党員であるレオンとアルベルティへの当局の監視は厳しくなり、日常が脅かされるようになる。彼らは第二の祖国と思い定めたアルゼンチンを去り、六三年にローマに移り住む。いわば第二の亡命だ。ローマの自宅は、世界各地から訪れる客人で賑わった。この地でレオンは、回想録『憂愁の記憶』(七〇年刊行)を執筆する。(10)

『憂愁の記憶』は決して読みやすい作品ではない。三人称と一人称の語りが交錯し、時空が自在に入れ替わり、読み手はレオンの意識の流れのままに運ばれることになる。だが思い切って、この回想録を時間軸に沿って整理し要約するならば、これはマリア・テレサ・レオンという女性の、自立への模索と自己実現、そして喪失（と、喪失への抵抗）の物語である。

回想録が執筆されたのは、おそらく六六年から六八年にかけてとされる。フランコ政権は七五年まで続く。帰国できないまま歳月が流れ、老いの自覚とともに焦燥、絶望、疎外感にさいなまれる。レオンの言葉は切実だ――「亡命という名の、誰のものでもないこの土地に座り、私は時々、自分のまわりに血の海が広がるのを見る。失っていく血を自分の血管の中に戻すことはできない。もはや想像はじゅうぶんに働かず、記憶は忘却する。（中略）まるで私たちの海辺から潮が引き、すべて持ち去ってしまい、小石と割れた貝殻のころがる不毛な浜辺が眼前に広がるのを見ているかのようだ」。

レオンの抱える大きな喪失感とそこから生じるアイデンティティの危機は、個人と集団のレベルで、多様な要因が絡み合ったところに生じる。まずレオン個人として、年老いて記憶を失っていくことへの恐怖。「スペインの砂の最後の一粒も靴からこぼれ落ちてしまった。（中略）最後の砂の一粒！　少しずつ、記憶の中の像は、滑りやすく、もろくなっていくだろう。忘却のための記憶など、お願いだからやめて！」祖国に戻れず、住んでいる土地への帰属意識を持てない亡命者である以上、記憶こそまさに、パロマ・ウラシアがいうところの「アイデンティティの脊柱」だ。レオンが回想録をつづるのも、記憶をつなぎとめ、過去を忘却から救い、アイデンティティの拠り所とするためにほかならない。

次に、自立したひとりの女性としてのアイデンティティ。回想記でレオンはこう書く——「今、私は彗星の尾だ。ラファエルが前を行く。彼は決して輝きを失ったことがない」。レオンのラファエル・アルベルティに対する絶対的な愛情と敬意を表しているとされる一文だ。だがこの文はまた、アルベルティが輝く「彗星」であるのに対し、レオンは自分では輝くことのできない「尾」だという意味にもとれないだろうか。長きにわたる亡命中、反ファシズムの反骨詩人としてのアルベルティの国際的名声は高まったが、一方のレオンは、あくまでもアルベルティの妻としての存在だった。コンチャ・メンデスもそうだが、「二七年世代の女性たち」は、同じ世代の文学仲間と結婚した例が複数ある(11)。しかし男性詩人たちが「二七年世代」として文学史で評価が定着していく一方、パートナーの女性たちはその存在を顧みられることなく、後景に押しやられていった（Wilcox, 1997）。結婚した時には対等なパートナー関係であったはずが、内戦後は亡命と性差という二重の壁が立ちはだかった。また、家父長的価値観を押しつけるフランコ政権下の祖国で、彼女たちが注目を浴びることもなかった。かつての「輝く瞳をしていた」日々と、「彗星の尾」として生きる日々を、どうやったら、いずれも自分の人生だと誇りを持って語ることができるのか。レオンはみずからのペンで、ひとりひとりの女性が生きてきた意味を取り戻そうとする。先に取り上げた『ドニャ・ヒメナ・ディアス・デ・ビバール』も、そうした復権の試みのひとつだ。

女性の復権の問題に関連して、『憂愁の記憶』からは、詩人ファン・ラモン・ヒメネスの妻セノビア・カンプルビに関する記述を引用する。五六年一〇月二五日、ヒメネスのノーベル文学賞受賞が発表されたわずか三日後、かねてより療養中だったカンプルビは亡くなった。訃報を受けて、レオンはこう書く――「セノビアはノーベル賞を受賞したばかりだったのに。いや、それは違う、勘違いだと言われるだろう。ノーベル賞を受賞したのはファン・ラモンだと。でも私は言いたい、セノビアがいなければ、ノーベル賞受賞はあっただろうかと。（中略）ファン・ラモンがスペイン詩の最高峰を織ることができたのは、（中略）、セノビアがファン・ラモンにとっての縦糸になったからだ。安心をもたらす彼女の強さに守られてファン・ラモンの日々の営みは織り上げられていった」。

少し解説しよう。ヒメネスとカンプルビは一九一六年に結婚した。カンプルビはインドの詩人タゴールの作品をスペイン語圏で初めて翻訳、紹介するなど、優れた知性と文学的才能の持ち主だったが、彼女が何よりも優先したのは、ヒメネスが創作に没頭できるよう環境を整え、彼に代わって日常生活の瑣事をすべて引き受けることだった。レオンは先の引用箇所に続けて、ヒメネスとカンプルビの関係についてこうも書く――「炎の傍らで暮らし、炎の影となる――彼女の決意は実に美しいものだった」。これはレオンがアルベルティとの関係について言った「私は彗星の尾だ」という言葉を想起させる。「セノビアがノーベル賞を受賞した」と語る言葉の奥には、自分の存在意義も主張したいというレオン自身の秘めたる思いがあるのかもしれない。

さらにレオンの思考は、亡命スペイン人という集団のアイデンティティに及ぶ。世界各地に散ってしまった自分たちは何者なのか、どういう人々なのかという存在論的な問いだ。彼女が亡命スペイン人論を述べた箇所を引用する。「ああ、スペイン人たち、この定義しがたい人々！　もちろん、私たちの国外脱出は万全ではなかった。闘牛で牛をあしらうことを除けば、スペイン人は物事を完璧にこなすには向いていない。規律に合わせるのは不愉快だ。毎日を木曜日と定めると言われたような気分になる。分別をわきまえず行動する時には驚嘆すべき高みに達し、だがいざ無分別を悔いるとなるとありとあらゆる悲嘆や苦行を受け入れる。私たちは歴史的失敗によってできあがっているのだが、そうした歴史的失敗ゆえにスペイン人が英雄的になったのか、それとも頑固者になったのか、私にはわからない。スペイン人は自分のやり方を通すのが好きだ。この扱い難い人々は運命を受け入れ、フランスに逃れたあとで祖国に戻る者はわずかだった。何十万という人々が、生まれた国への頑固一徹な忠誠心を胸に世界に散っていったのだ」。あるいは、「スペイン人にとって、自由のために生きるとは、無理解と亡命の刑を受けることを意味する」。亡命スペイン人の本質を語るレオンの言葉は悲憤に満ちている。鋭い洞察をまじえて、不遇に屈せず信条を貫く人々を描き、それらの人々を崇高な存在へと高めるレオンの筆力は見事としか言いようがない。

回想録を執筆する時点で、祖国を出てから三〇年近く。長い亡命生活の果てに、レオンは「私たちの祖国は友人たちだ」と言う。たしかに、レオンとアルベルティは国際的ネットワークで数多くの知識人たちと結ばれていた。しかし、『憂愁の記憶』が最後に近づくにつれ、頁はそれら知識人たちの訃報で埋まっていく。エレンブルグ、エリュアール、ブレヒト、ヘミングウェイ、セルヌーダなど……「私は年老いて、髪は白くなり、役を終えたあとで舞台から去る人のように退いていく。これが祖国を追われたスペイン人たちの運命なのだ」。レオンは、みずからの人生も残り少なくなっていくのを感じ、さらには、老いとともに記憶が失われていくことも恐れているようだ。

おわりに

一九七五年、スペインでは内戦終結以来、総統の座にあったフランコ将軍が死去し、独裁体制が終焉した。七七年六月には四一年ぶりに総選挙が実施され、翌七八年には国民投票により新しい憲法が承認され、スペインは民主主義国家として生まれ変わった。

コンチャ・メンデスはスペインに一時帰国をしたことはあったが、民主主義が戻ったあとも本格的な帰国をすることはなく、メキシコシティの閑静な地区コヨアカンに建てた家で娘夫婦や孫たちと暮らし、八六年一二月七日に亡くなった。

一方のマリア・テレサ・レオンとラファエル・アルベルティは、フランコ死後の国内情勢が落ち着くのを待って、七七年四月、ローマをあとにしてスペインの土を踏む。祖国を逃れてから実に四〇年近くの年月が流れていた。独裁政権への反骨を貫いた詩人アルベルティの帰国は民主化を象徴する出来事と見なされ、空港でアルベルティが飛行機から降りる様子をメディアはこぞって記事にした。歓迎を受けるアルベルティの傍らにはレオンがいる。しかし彼女自身はあれほど切望していた帰国がついに実現したことをどれぐらい理解していただろうか。七〇年代になって兆候が現れるようになった認知症は、帰国時点ですでにかなり進行していたようだ。

アルベルティはその年六月の総選挙に共産党から立候補し、当選する。内戦中の「奴らを通すな」という反ファシズムのスローガンで知られ、亡命先のソビエト連邦から帰国して当選した共産党の闘士ドロレス・イバルリとふたり並んで国会に登院する画像は、歴史や文化史の本でよく引用される。さらに八三年にはスペイン語圏のノーベル文学賞ともいわれるセルバンテス賞を受賞するなど、スペインを代表する文化人としての名声を確固たるものとする。マリア・テレサ・レオンは記憶を失ってから長い年月が過ぎたのち、八八年一二月一三日、マドリード郊外の高齢者施設で生涯を終えた。

近年、メンデスとレオンの生涯の研究や作品の発掘、刊行が進んできたのはなによりだ。だが波乱の歴史の中に埋もれたまま、ふさわしい評価を受けるのを待っている人物が、まだほかにもいるだろう。そうした彼女や彼の姿が揃う時、「二七年世代」という、二〇世紀スペイン文化史に輝く詩人や知識人たちの群像は、よりいっそう豊かで多様な光彩を放つに違いない。

（1）スペイン文学史における「銀の時代」という用語は、文学研究者ホセ・カルロス・マイネルが七五年に発表した著書『銀の時代（一九〇二〜三一）』によって定着した。なお、一九八一年に出版された増補改訂版では、期間が一九〇二〜三九年と変更された。期間については、研究者によって多少見解の相違がある。

（2）ヒメナ・メネンデス・ピダルの母とマリア・テレサ・レオンの母が従姉妹だった。

（3）男子学生用の「学生館」に続いて、地方から上京した女子学生のための「女子学生館」も開設された。これは、自由教育学院と協力しながら、教育学者マリア・デ・マエストゥが運営した。

（4）マリア・ベルナルド・デ・キロス（一八九八〜一九八三）が一九二八年一一月に初の女性飛行士としてパイロット免許を取得した。

（5）二〇二二年一〇月から翌年一月にかけて、マドリード市のフェルナン・ゴメス文化センターで「シンソンブレロ展」が開催された。

（6）「越境を生きたスペイン女性作家たち―ルシーア・サンチェス・サオルニルとマリア・テレサ・レオン」『モダニズムの越境　Ⅱ　権力／記憶』モダニズム研究会編、人文書院、二〇〇二年と「マリア・テレサ・レオン―内戦中の反ファシズム文化活動を率いて」『スペインの女性群像』高橋博幸・加藤隆浩編、行路社、二〇〇三年を参照されたい。

（7）内戦中の共和国側とフランコ側それぞれにおけるジェンダー関係については、砂山充子の論考「戦争とジェンダー―スペイン内戦の場合」が詳しい。ジェンダー関係は、陣営によって異なるのみならず、共和国陣営の中でも一様ではなく複雑な様相を呈していた。

（8）録音時の年齢を、メンデス自身は八二歳と述べているが、パロマ・ウラシアによれば八三歳。

（9）鴻巣友季子は、近年、英米圏では、シェイクスピア劇やトロイ戦争の物語などの古典作品を、女性や弱者の視点からリメイクする「語り直し」ブームが起きていると指摘する。原作では声を与えられず沈黙を強いられてきた存在に語らせることによって、原作にひそむ権力構造や既成概念を暴き出し、問い直すことができる（鴻巣友季子『文学は予言する』新潮社、二〇二二年）。

（10）伴侶のアルベルティにも、『失われた木立』という回想録の名著がある。彼はすでにブエノスアイレス時代に、幼少期から三一年までを扱った第一部・第二部を発表し、亡命を終えてスペインに帰国した後、三一年から八七年を扱った第三部・第四部を、さらに最晩年に八八年から九六年を扱った第五部を発表し、かくして二〇世紀をほぼ丸ごとカバーする回想録が完成した。

（11）メンデスとアルトラギーレ、レオンとアルベルティのほかに、詩人エルネスティナ・デ・チャンプルシンと詩人ファン・ホセ・ドメンチナ、作家エウラリア・ガルバリアトと詩人ダマソ・アロンソも「二七年世代」の仲間どうしの結婚である。

【出典・参考文献】

砂山充子「戦争とジェンダー──スペイン内戦の場合」姫岡とし子・長谷川まゆ帆他『ジェンダー』（近代ヨーロッパの探求一一）、ミネルヴァ書房、二〇〇八年。

AUB, Max, *Verdadera historia de la muerte de Francisco Franco*, Barcelona, Seix Barral, 1980.

BALLÓ, Tània, *Las Sinsombrero. Sin ellas la historia no está completa*, Barcelona, Espasa, 2016.

——— *No quiero olvidar todo lo que sé, Las Sinsombrero 3*, Barcelona, Espasa, 2022.

FERRIS, José Luis, *Palabras contra el olvido. Vida y obra de María Teresa León (1903-1988)*, Sevilla, Fundación José Manuel Lara, 2017.

LEÓN, María Teresa, *Doña Jimena Díaz de Vivar*, Madrid, Biblioteca Nueva, 1968.

——— *Memoria de la melancolía*, Ed. de Gregorio Torres Nebrera, Madrid, Castalia, 1999.

——— *Memoria de la melancolía*, Sevilla, Renacimiento, 2021.

——— *Cuentos para soñar*, Madrid, Editorial EDAF, 2000 (Edición facsímil de Burgos, Hijos de Santiago Rodríguez,

1928).

MANGINI, Shirley, *Las modernas de Madrid. Las grandes intelectuales españolas de la vanguardia*, Barcelona, Ediciones Península, 2001.

MÉNDEZ, Concha, *Poesía completa*, Ed. de Catherine Bellver, Málaga, Centro Cultural de la Generación del 27, 2008.

——— *El solitario*, Madrid, Cátedra, 2022.

——— *Historia de un taxi*, Madrid-Granada, Cuadernos de Vigía, 2022.

ULACIA ALTOLAGUIRRE, Paloma, *Concha Méndez. Memorias habladas, memorias armadas*, Sevilla, Editorial Renacimiento, 2018.

VALENDER, James, ed., *Una mujer moderna. Concha Méndez en su mundo (1898-1986)*, Madrid, Publicaciones de la Residencia de Estudiantes, 2001.

WILCOX, John C., *Women Poets of Spain, 1860-1990, Toward a Gynocentric Vision*, Urbana and Chicago, University of Illinois Press, 1997.

第四章　スペインの前衛芸術と内戦

松田健児

はじめに

本章で主眼に据えるのは、「スペインの前衛芸術は内戦によって断絶してしまったのか」という問いである。スペイン内戦（一九三六―三九年）と聞いて、美術に造詣の深いひとであれば、すぐにパブロ・ピカソ（一八八一―一九七三）の《ゲルニカ》（図1）を思い浮かべるだろう。スペイン北部、バスク地方の都市ゲルニカが無差別爆撃を受けたという報道に接したピカソが一気呵成に描いた巨大な絵画である。内戦終結以降、フランコ独裁体制と対立したピカソは自発的亡命者となり、祖国の地を踏むことなく南仏ムージャンの地に没した。ピカソと同じく、一九三七年パリ万博のスペイン共和国パビリオンに壁画《刈り取る人》を描いたジュアン・ミロ（一八九三―一九八三）も、内戦が終結

図1　ピカソ《ゲルニカ》1937年。（マドリード、ソフィア王妃芸術センター）

した翌年にスペインへ戻ったものの、国内亡命者としてひっそり活動することを余儀なくされた。スペイン国内で公的に認知されるようになるまで、多大な年月を要している。フランシスコ・ボレス、オスカル・ドミンゲス、アントニ・クラベ、バルタサル・ロボ、アペラス・ファノザ、アルベルト・サンチェス、ロドリゲス・ルナなど、数え切れないほどの前衛芸術家たちがフランスやソ連、メキシコ、アメリカ合衆国などに亡命することになった。しかも、内戦が終結してフランコ独裁体制が成立すると、前衛芸術は「非人間化された」芸術であると全否定され、外国からの悪影響にさらされた美術を「再スペイン化」することが至上課題とされた。

前衛芸術を拒絶する傾向はすでに内戦中から始まっていた。独裁体制の基盤となった全体主義政党、ファランへ党の機関誌『ベルティセ』に掲載された「絵画を前にする医者」という記事が象徴的である。「セザンヌのように男性をテーブルの周りに集めてトランプ遊びをさせたり、ピカソのように流しの楽士を幾何学的な色彩に分解するのでは十分ではない。人間はもっと真面目なことのために集まるものであり、画家はそうした人間的な関心事をカンヴァス上に永続化させるような、やむにやまれぬ欲求に奉仕すべきである」(Lain Entralgo, 1937)。つまり、ファランヘ党のイデオローグであった精神科医によると、セザンヌやピカソに代表されるような前衛芸術は、不真面目で取るに足らないものであるというのだ。

こうして見ると、たしかに「スペインの前衛芸術は内戦によって断絶してしまった」ように見えてしまう。しかし、民主化が達成されてから半世紀近くの歳月が経ち、独裁体制期の美術の流れについて、大幅な見直しが進められてきた。独裁体制に悪のレッテルを貼って、それに対抗する前衛芸術家を褒め称えるという単純な二項対立構図は崩れ、亡命芸術家たちや地方独自の動向にも関心が向けられてきたのである。こうして、複数の要素が複雑に絡み合った独裁体制期の様相が次第に見えてくるようになってきている。

本題に入る前に、まずは、難解だと敬遠されがちな「前衛芸術」をきちんと定義しておかねばなるまい。ここでは、伝統に固執するアカデミックな芸術と異なり、それまでになかった技法や視点を用いて同時代の最先端を切り開いていこうとする芸術だと定義しておく。前衛芸術が必ずしも伝統を否定するものではないものの、一般に定着している価値観とは異なった、新たな形の芸術を提示するのが前衛芸術の特徴であるため、ときに罵詈雑言を投げつけられ、スキャンダルを巻き起こすことがある。一般的な価値観や物の見方とは違うものを提示するのだから、難しいものだと感じてしまうのも、無理はないのかもしれない。

意外に思われるかもしれないが、スペインの二〇世紀美術史と前衛芸術はあまり相性がよくない。一般的な西洋美術史では、一九世紀の印象派以降、とくに二〇世紀はキュビスムやダダイズム、シュルレアリスムやミニマリズムといったように、次々と登場する前衛芸術運動、つまり「イズム」の羅列として記述されがちだった。しかし、主要な前衛芸術運動は諸外国から波及してきたもので、スペインが発祥の地となり、諸外国に広がったものではない。たしかにムダルニズマやノウセンティズマ、ウルトライスモ[1]といった例があるとはいえ、それも国外からもたらされた前衛芸術がスペインで独自の展開を見せたものと捉えることができる。

逆に、スペイン出身のピカソやミロ、あるいはサルバドール・ダリ（一九〇四―八九）といった巨匠たちを度外視してしまうと、前衛芸術の流れを概観することすらできなくなってしまう。たとえばアメリカの小説家であり、前衛芸術のコレクターでもあったガートルード・スタインはこう断言している。「一九世紀には絵画はフランスにだけ存在し、フランス人によって制作された。なぜならそれ以外に絵画というものは存在しなかったからである。二〇世紀でも［絵画は］フランスで制作されたのだが、それはスペイン人のお陰だった」（Stein, 1938）。

つまり、スペインでは国外にまで波及していく「主要な前衛芸術運動が生み出されなかった」一方で、「主要な前衛芸術家を輩出している」のである。こうした矛盾はいかにして可能だったのだろうか。スペインが二〇世紀美術史という大きな流れから断絶されていたわけではないものの、その前衛芸術が幾重にも折り重なった「ねじれ」を生じさせていく過程を理解するためには、芸術家個人にばかりフォーカスするのではなく、美術を取り巻く制度、あるいは文化政策、市場《マーケット》といった、芸術家を取り巻く環境にも目配りしなければならない。

一　内戦以前の状況——前衛芸術家を育てる土壌が成立するまで

そもそも、スペインには前衛芸術を育てる土壌があったのだろうか。もし前衛芸術家として生きていく道があったのだとしたら、なぜピカソやミロ、ダリはパリに渡る必要があったのだろうか。

先に断っておくが、本章ではピカソ、ミロ、ダリの三人を典型的な芸術家として取り上げる。なぜこの三人に固執するのか、疑問に思うひとも少なくないはずだ。たしかに彼らが世界的な巨匠となったのは、主にスペインを出て、パリを活動の拠点とした時期の業績によるものだ。二〇一八年に『スペイン美術史入門』(大高保二郎監修・著、NHKブックス)が刊行されるまでは、日本語で触れることのできるスペイン美術史、とりわけ二〇世紀美術史に関するものは、それらの巨匠に言及するばかりで、スペイン国内における美術の流れを説明するものではなかった。スペインの前衛芸術を語る場合、個別の画家、とりわけピカソ、ミロ、ダリの三人ばかりにフォーカスが当てられてきたのである。

それなのに、ここでまたなぜ三人の巨匠たちに固執するのか。彼らの経歴を作品の展示や流通、美術館への収蔵といった側面から眺めることによって、スペイン国内の状況を的確に説明できると判断したからだ。彼らのどの作品が、どのような場所で展示され、どの美術館に収蔵されたのかというのが重要なポイントとなる。前衛芸術家たちが前衛芸術家として生きていくためには、当たり前ではあるが、作品を売却しなければならない。ただでさえ、理解しにくい「新しい形の芸術のあり方」を提示しようとするのが前衛芸術なのだから、作品が売れずに路頭に迷うことだって大いにあり得る。そこで重要になるのが、作品を発表する場となる画廊や美術館、つまり作品の流通ルートなのだ。作品の流通を担う画商やコレクター、批評家の存在はときに芸術家本人よりも重要な役割を果たすことがある。

1．パリ移住以前のピカソ

まずは、ピカソが前衛芸術家として歩み始める以前のことを振り返ってみよう。少なくとも一九二〇年代までのスペインには、前衛芸術が花開く土壌が十分に育っていなかったことが垣間見えてくるだろう。

「ピカソはわけがわからない絵を描くひと」という先入観をもっている方は初期作品、たとえば《初聖体拝領》（一八九六年）や《科学と慈愛》（一八九七年）を見て、「なんだ、若い頃はまともな、うまい絵を描いていたんだな」と感心するのかもしれない。実際、第三回バルセロナ市美術・美術工芸展に出品された《初聖体拝領》は新聞で好意的に評価され、総合美術展に出品された《科学と慈愛》は選外佳作に選ばれている。そこに早熟な才能や技術の確かさを読み取ることはできるだろう。しかし、アカデミックな絵画から離脱して、前衛芸術家として活動したからこそ、ピカソは二〇世紀を代表する画家としての地位を獲得したはずだ。ここから離脱していなければ、「ピカソ」という名前が歴史に残ることはなかっただろう。

《初聖体拝領》や《科学と慈愛》は、主題から描き方まで、美術教師であった父ホセ・ルイス・ブラスコから細かい指導を受けつつ制作された作品である。官展で入選することを目的として制作された作品であるため、前衛的な要素が入り込む余地はまったくない。しかも、ピカソは単に公的な場での認知や栄誉を求めて官展に出品したのではない。一八八〇年と一八九八年の法改正によって、スペイン国内で美術学校の教職に就くためには、全国規模の美術展や万国博覧会でのメダル受賞歴が必須の条件となっていた。故郷マラガで美術学校の教職に就くことができず、土地勘もないア・コルーニャやバルセロナに転居せざるを得なかったピカソの父が、画家を志す息子に官展へ出品するよう指導したのは、父として息子の将来を案じてのことだろう。スペインで職業画家として生きていくためには、美術学校の教員になるのがもっとも安定した道だったからだ。スペイン国内にはまだ前衛芸術を扱う市場が発達しておらず、公的な認知がなければ、職業画家として生活していくのは困難だった。

一八九七年、カタルーニャの山村オルタ・ダ・サン・ジュアンで猩紅熱の療養生活を終えたピカソは、ラモン・カザスやサンティアゴ・ルシニョールに代表されるムダルニズマに参入していく。父の庇護から離れ、前衛芸術への道を歩み始めるのである。しかし、油彩画の制作を続けてはいくものの、それを売却して生計を立てるまでには至っていない。そこでポスター・コンクールへの出品、あるいは新聞や雑誌の挿絵の制作によって自立への道を模索していく。一九〇一年にはムダルニズマを波及させようと、マドリードで前衛芸術雑誌『アルテ・ホベン』を立ち上げ、挿絵の制作に励んだものの、雑誌の刊行は半年ほどで頓挫してしまった。ピカソはこの年、ベラスケス風の衣装を身にまといながらも、退廃的な雰囲気が濃厚に漂う《青い服の女》を全国美術展に出品したものの、メダルの受賞はおろか、批評の対象にすらならなかった。しかも一等メダルを受賞したのはピカソと同じアンダルシア出身で、ピカソよりも二歳若い一八歳の画家ホセ・マリア・ロペス・メスキータだった。このときを最後に、ピカソは官展に見切りをつけることになる。

スペインに前衛芸術を育てる土壌が育っていなかった原因は、その保守性もさることながら、(2)前衛芸術を扱う画廊や顧客の不在にもある。たとえば一九〇〇年、ムダルニズマの拠点だったアルス・クアトラ・ガッツ(四匹の猫)でピカソが開催した個展は、多数の素描が額装もされないまま、壁に直接、画鋲で貼られたような粗末なものだった。当然ながら、数点の例外を除いて、ほとんどの作品に買い手がつかない。一九〇一年にラモン・カザスとの共同展を開いたパレス画廊も、前衛芸術家たちと専属契約を結んで積極的に支援する画廊ではなく、会場の賃料や作品売却の手数料、額縁の売却益で経営を成り立たせていた。画廊主ジュアン・バウティスタ・パレスにとって作品の内容はなんでもよかったのだ。それに対して、アルス・クアトラ・ガッツでの個展の数カ月後、初めて訪れたパリでは作品が売れた。パリ在住のカタルーニャ人画商のペラ・マニャックが闘牛を描いたピカソの作品三点を預かり、別の画商ベルト・ヴェイユに売却する。ピカソはこれをきっかけにマニャックと専属契約を結ぶことになった。翌一九〇一年にはヴォラール画廊でバスク出身の画家イトゥリーノと共同展を開き、展示された作品の半数以上に買い手がついた。パリに出たことによって、初めて職業画家として生計を立てていく道が開けたのである。

2. ミロとダリ

若き日のジュアン・ミロはピカソとは異なり、職業画家になるための正規の教育を受けていない。ピカソと同じラ・リョッジャ美術学校に入学するものの、そこで学ぶことができたのは油彩画の制作ではなく、素描や装飾美術の技術だった。画家ではなく「いっぱしの人間」になることを期待していた父ミケル・ミロは長男ジュアンに商業学を学ばせ、会計係として就職することを強要した。画家を志すミロにとってデスクワークは耐えがたいもので、腸チフスやうつ病を発症してしまう。タラゴナ郊外にあるモンロッチでの療養生活の末、ようやく画業に専念することを許された。私設の美術アカデミーでフランセスク・アシス・ガリから受けた薫陶も、アカデミックな絵画技法とはほど遠く、描く対象を直接、手で触れ、その感覚を素描に反映させるようなものだった。ピカソのように官展での受賞を目指すような道は、ミロには初めから存在しなかったのだ。

一九一八年、ミロが初めての個展を開いた場所はバルセロナの旧市街、ゴシック地区にあるダルマウ画廊だった。バルセロナでは一九一〇年代後半から前衛芸術を扱う、ほぼ唯一の画廊として重要な役割を担った画廊である。ミロの初個展の評判は散々で、批評家ファリウ・エリアスの呼びかけによって会場が襲撃される事態まで生じてしまう。当然ながら、作品はまったく売れず、ミロはバルセロナの遅れた環境に大きな失望を抱くことになった。幸いにもミロはパリに渡り、画廊主ジュゼップ・ダルマウの尽力によって、ラ・リコルヌ画廊で個展を開くことに成功する。作品が売れない状況は依然として続いたものの、これ以降、前衛芸術家としてのキャリアは、パリとカタルーニャの農村部モンロッチにある別荘を往復しながら積み上げられていくことになった。「私の人間形成はパリで行われました」というミロの言葉は、スペインで前衛芸術家としての研鑽を積むことの困難さを含意している。

こうして見ると、スペインでもっとも進んだ地域とされるカタルーニャでさえ、前衛芸術を受け入れていたとは言い難い。ロシア・バレエ団とともに、前衛芸術家としてピカソが凱旋帰国した一九一七年、バルセロナ市が購入したのが印象派の画家シスレーによる穏健な風景画《ロワン川の湾曲》

（一八九二年）だったことからも推して知るべしである。首都のマドリードはさらに輪をかけて保守的で、ピカソの前衛的な作品が初めて展示されたのは一九二九年になってからのことである。しかもその会場は美術館や画廊ですらなく、プラド美術館の隣にある王立植物園だった。

ピカソより二三歳、ミロよりも一一歳年下のダリの経歴にも言及しておこう。ダリはフランス国境にほど近いフィゲラスの公証人の息子として生を受けた。一九二一年に絵画教育の最高峰であるサン・フェルナンド美術アカデミーに入学するものの、素行不良のため、官憲による逮捕や停学処分を受け、最終的には放校処分となっている。その間、美術学校におけるアカデミックな絵画教育を受けることよりも、学生館で詩人ガルシア・ロルカや映画監督ルイス・ブニュエルといった前衛芸術の仲間を得たことのほうが重要だった。一九二五年にはイベリア芸術家協会の主催による前衛芸術の展覧会に出品し、ダルマウ画廊で初個展を開催して前衛芸術家としての第一歩を踏み出すものの、やはりスペインに留まり続けることはなく、フランスに渡っている。一九二六年に初めてパリを訪れ、ピカソのアトリエを訪問して画商ポール・ローザンベールに紹介された。そして一九二九年にパリを再訪した際には、ミロの紹介によってアンドレ・ブルトンが率いるシュルレアリスムのグループに参加する。そこですぐに頭角を現して、シュルレアリスム運動の代名詞のような存在になっていった。

ここまで三人の巨匠を例に見てきたように、スペインには前衛芸術家としての第一歩を踏み出す環境こそあったものの、少なくとも一九二〇年代までは、前衛芸術家として名声を獲得していくことはおろか、生きていく糧を得ることすら難しく、前衛作品の流通ルートが確立していたフランスに活路を見出すほかなかったのである。

3．第二共和制下の前衛芸術

しかし一九三〇年代の前半、つまり第二共和制の時代には、開放的な政府の後押しもあって、スペインにも遅ればせながら前衛芸術が育っていく土壌が整いはじめる。バルセロナでは前衛的な建築家集団ガトゥクパック[3]がル・コルビュジエ[4]の影響の下、機能主義的な建築を設計し、大胆な都市計画を推し進めていった。一九三二年にはミロやダリ、画家ジャウマ・サンス、彫刻家のアンヘル・フェランやアウダル・セラ、建築家ジュゼップ・リュイス・セルト、写真家ジュアキム・ゴミス、批評家サバスティア・ガスクといった錚々たる前衛芸術家たちによって「ADLAN《新芸術の友》」が結成される。内戦が勃発する数カ月前、このグループの主催によってビルバオ、マドリード、バルセロナの三都市で画期的なピカソ展が開催された。それまで、スペイン国内で展示されたピカソ作品の大半は一九〇四年のパリ移住前に制作された初期作品、つまり「青の時代」までの作品だった。前衛的なピカソ作品がまとまった形で展示されたのは、これが初めてのことである。

　カナリア諸島のテネリフェでは、美術批評家のエドゥアルド・ウェステルダールが中心となって前衛雑誌『ガセタ・デ・アルテ』を発行し、シュルレアリスム運動を展開した。一九三五年には画家オスカル・ドミンゲスの仲介でフランスからブルトンを招き、国際シュルレアリスム展の開催を実現させている。

しかも、この時期には一九三〇年に閉廊したダルマウ画廊を継ぐかのように、前衛芸術を扱う画廊が現れ、前衛作品の流通ルートも少しずつ整えられていった。ノウセンティズマの拠点となったライエタナス画廊や併設された展示室でダリの新作が発表されたカタロニア書店、シラ画廊やアステバ画廊などが前衛芸術の普及に大きな役割を果たしている。

二　スペイン内戦と芸術

スペイン内戦の勃発によって文化、芸術を取り巻く状況が一変したのは確かである。一九三六年七月一八日、軍部が蜂起して急速に支配地域を拡大すると、共和国政府は美術を積極的にプロパガンダに利用するようになる。大勢の芸術家たちもそれに呼応して、内戦という過酷な社会背景を色濃く反映した作品を盛んに制作していった。内戦中に共和国政府が採用した文化政策にはふたつの重要な方向性がある。ひとつは国内の文化遺産の保護で、もうひとつは共和国政府の正当性を主張し、国際的な支持を得ることを目的とした国外でのプロパガンダである。両者は密接に結びついていた。

1．文化遺産の保護活動

注意しなければならないのは、共和国側だけが積極的に文化遺産の保護活動を行い、反乱軍が一方的に文化施設を破壊していたわけではないことだ。内戦の勃発当初、共和国側の支配地域でも文化財の破壊は起こっていた。教会や修道院、貴族の邸宅が、長い間、民衆を抑圧してきた権力の象徴とみなされて焼き打ちや強奪の対象となってしまう。そこで、共和国側の支配地域では、歴史文化評議会や芸術遺産評議会の指揮のもと、キリストの磔刑像や聖人像といった宗教美術は市民の共有財産なのだという啓蒙活動が行われた。マドリードでは美術学校の学生たちによって「聖像の中に芸術以外のものを見てはいけません。保存にご協力を」あるいは「皆さん、古い素描や版画を破壊してはいけません。国家の財産として大切にしてください」などと書かれたポスターが制作され、街中に貼り出された。また、文化財を破壊から守るため、教会や貴族が所有していた文化財の多くが、内戦の勃発からわずか五日後に設置された芸術遺産押収・保護評議会によって接収された。評議会によって接収された絵画や彫刻、タピスリーや古文書といった文化財は、マドリードだけでも四万点を越える。

スペイン美術の至宝を擁するマドリードのプラド美術館は市街戦が始まる前、一九三六年八月三〇日を最後に一時閉館し、主要な美術作品は一階の円形部屋や地下室に集められた。一一月一六日から一八日にかけて行われたフランコ軍による空爆では、プラド美術館を筆頭とする多くの文化施設が標的となり、その建物や文化財の一部が物理的な損傷を受けてしまう。文化遺産のさらなる損壊を免れるため、プラド美術館から運び出された六〇〇〇点以上の美術品は、トラックに乗せられてバレンシア、フィゲラス、ジュネーヴへと移送されていった（図2）。バレンシアからフランス国境にほど近いフィゲラスへ移送される途中、ゴヤの代表作である《一八〇八年五月二日、エジプト人親衛隊との戦い》と《一八〇八年五月三日、プリンシペ・ピオの丘での銃殺》を乗せたトラックが事故に遭い、肉眼でも確認できるほどの深い傷を残したものの、内戦中にプラド美術館の至宝はそれ以上の損傷を受けることはなかった。国境を越えたプラド美術館の収蔵品はスイスへと運ばれ、一九三九年の六月から八月にかけて、ジュネーヴ歴史・美術博物館で「プラド美術館の名作」展が開催される。

図2　疎開するプラド美術館の所蔵品を乗せたトラック。1937年。出典）Archivo, Museo del Prado.

共和国政府が積極的な文化財保護に乗り出したのは、単に貴重な文化財を保護するためだけではなかった。相手側を文化の破壊者と位置づけ、文化の保護者を自認することによって自らの正当性を主張することができるため、国際的なプロパガンダ合戦の争点となったのである。たとえばフランコ軍側のプロパガンダは日本にまで波及し、朝日新聞に次のような記事が掲載された。「この［サン・フェルナンド］美術協会は二世紀前からスペインの美術的遺産を看守する権威ある協会だが世界文化の遺品を赤の魔手から護ると共にエル・グレコ、ゴヤ等の名品以来世界の美術国たる祖国スペインの誇る美術品を人［民］戦［線］派の非道から免れしめんと盟邦文化国に対し愁訴して来たのである」（朝日新聞、一九三八）。共和国政府が行った美術作品の疎開を、まるで共産主義「アカ」による「非道」な略奪行為であるかのように難じているわけである。

共和国政府による文化財保護活動が、本章の主題とする前衛芸術とどう関わっているのか、不思議に思われるかも知れない。しかし、プラド美術館疎開の陣頭指揮を執っていたのは詩人ラファエル・アルベルティや作家マリア・テレサ・レオンといった反ファシズムの前衛作家（第三章参照）で、しかも当時のプラド美術館館長はピカソだった。

一九三六年九月、美術局局長に着任したばかりのジョゼップ・レナウによって、ピカソはプラド美術館の館長に就任した。これによってピカソがスペインに戻ることはなく、実務は副館長であったサンチェス・カントンが担っていたものの、共和国政府が実施していた文化財保護活動やプラド美術館の疎開について、ピカソが何も知らなかったはずがない。

2. パリ万博、スペイン共和国パビリオン

スペイン内戦が勃発した一九三六年、パリでは翌年に開催される万国博覧会の準備が進められていた。一九三四年にフランスから参加要請を受けた共和国政府は、スペイン共和国パビリオンを「ドン

キホーテの宿」と名づけ、商業的なプロモーションを行う場として想定していたものの、内戦の勃発によって方針を大きく転換することになる。スペイン内戦ではドイツやイタリアが積極的にフランコ軍を支援していたのに対して、共和国政府を支援したのはソ連とメキシコに限定されていた。イギリスやフランスが戦禍のヨーロッパ全域への波及を恐れて不干渉政策を採用していたため、共和国政府は諸外国からの軍事支援はおろか、武器の調達さえも困難な状況に置かれていた。パリ万博はスペインが陥った窮状を国際社会にアピールして、共和国への支援を訴えるための絶好の機会だったのだ。

スペイン共和国パビリオンの正面入口近くには、アルベルト・サンチェスの巨大な彫刻《スペイン人民には星へと続く道がある》が設置された。来館者は建物の正面左に向かって設置された階段をのぼった二階から入館する。三階にはスペイン全土から公募によって集められたリアリズム絵画や彫刻が展示され、二階にはスペイン各地の民芸品や政治的メッセージを伝える写真パネルが設置された。スペインから美術品を送る準備作業にはバレンシアの芸術遺産保護協会が関わっており、写真パネルの中にはゲルニカの爆撃やプラド美術館の疎開に関するパネルも見受けられる。つまり、文化遺産の疎開とパビリオンの展示内容は密接に結びついていたのだ。パビリオンの中庭に面したスロープから一階に降りた先、吹き抜けの部分に設置されたのが、ピカソの《ゲルニカ》とアレクサンダー・カルダーの《水銀の泉》である。同じ吹き抜けの一角には、グラナダで暗殺された前衛詩人ガルシア・ロルカを顕彰する展示ケースが設置された。中庭ではスペイン各地の民族舞踊、カルデロン・デ・ラ・

バルカやファン・デ・ラ・エンシーナなどの古典演劇も上演され、ルイス・ブニュエルによるドキュメンタリー映画の上映会が行われた。つまり、パビリオンの展示内容は前衛芸術一辺倒だったわけではなく、伝統と前衛が共存していたことになる。

ここまで見てきたように、文化財保護活動においても、パリ万博への参加においても、共和国を積極的に支援して重要な役割を担ったのは前衛芸術家たちだった。とりわけピカソは《ゲルニカ》の制作以外にも多大な貢献を果たしている。パビリオンの建設費用の中には壁画の材料費として一五万フランもの予算が計上され、実際にその金額が支払われた。しかしピカソは、それをはるかに上回る金額を共和国への援助のために寄付している。たとえば、スペイン救済委員会の求めに応じて、一九三八年一一月に一〇万フラン、一二月に二〇万フランを寄付した。この資金をもとに、身寄りを失った子どもたちに食事を提供する「ピカソ食堂」が防衛省内に設置される。あるいは、共和国派の前衛芸術家たち、たとえばジュゼップ・レナウやバルタサル・ロボ、アペラス・ファノザは亡命先での生活を立て直すために、ピカソから経済的な援助を受けていた。国外に逃れた共和国派の亡命者にとって、ピカソは物質的、精神的な拠り所となっていたのだ。ピカソが描いた《ゲルニカ》も万博の終了後、共和国への支援金を集めるためにイギリスやアメリカを巡回した。第二次世界大戦の勃発にともなって、そのままニューヨーク近代美術館に委託されることになり、いわばピカソと同様に「亡命者」となってしまう。

三　独裁体制期における文化政策の変化

1．内戦終結直後の状況──前衛芸術と懐古主義の対立

内戦の終結とともに成立したフランコ独裁体制は、前衛芸術に「退廃芸術」というレッテルを貼って拒絶するナチス・ドイツの影響を色濃く受けてはいたものの、独自の芸術様式を打ち立てるまでには至らなかった。内戦終結直後には「非人間化された芸術」であると前衛芸術を否定したものの、そうした状況はそう長くは続かない。第二次世界大戦の終結によって、スペインを取り巻く状況が大きく変化したためである。

国連からの排除決議が採択され、国際社会から孤立したスペインが自己充足経済《アウタルキア》を余儀なくされた一九四〇年代の後半、亡命した共和国派の前衛芸術家たちは、前衛芸術を旗印に自分たちの正統性を主張した。たとえば一九四六年、ナチス・ドイツから解放されたばかりのプラハで開催された「共和国スペインの美術、エコール・ド・パリのスペイン人芸術家たち」展にはピカソ、バルタサル・ロボ、ジュリ・ゴンザレス、オスカル・ドミンゲスなど、パリに亡命していた共和国派の前衛芸術家たちが参加している。亡命芸術家たちはファシズム寄りの軍事独裁政権が早晩、終焉を迎えることを期待して、ナチス・ドイツから解放された直後のプラハで前衛芸術の展覧会を開催することによって、自分たちこそがスペイン美術の正統な後継者であると国際社会にアピールしたのである。

しかし、亡命者たちの期待とは裏腹に、フランコ政権は次第に国際社会に復帰していった。ファシズム寄りのイデオロギーを奉じていたものの、反共産主義という点で利害が一致したため、冷戦構造が成立していくにつれて西側陣営に組み込まれてしまうのだ。一九五三年にはアメリカと米西協定を結び、軍事基地を提供する代わりに経済援助を受けることになった。教皇庁とも政教協定を締結し、一九五五年には国連への加入を果たす。フランコ体制の早期崩壊を願う亡命者たちの期待は、スペインの国際社会への復帰とともに、儚《はかな》くも潰《つい》えてしまった。国外の前衛芸術と国内の懐古主義という対立構図は、この時点で成立しなくなってしまう。

2. 前衛芸術容認への過程

諸外国との関係の変化によって、スペイン国内の文化政策にも大きな変化が生じた。国際社会への復帰に向けて、野蛮な軍事独裁政権ではないことをアピールする必要があったためである。厳しい検閲制度は依然として続いており、芸術家たちは完全に自由な表現活動を行うことができなかったものの、政権批判につながらないことを暗黙の条件として、前衛芸術が容認される方向に舵が切られた。そうした変化を象徴するような出来事が、ダリの帰国とイスパノアメリカ・ビエンナーレである。

一九四八年、アメリカに戦禍を逃れていたダリがスペインに帰国する。ピカソやミロとは異なり、ダリは共和国政府にコミットして独裁体制と敵対することがなかったばかりではなく、むしろその懐古主義的なイデオロギーに積極的にすり寄っていった。突然、カトリックに帰依して敬虔な宗教画を描いたかと思えば、大航海時代のスペイン帝国を賞賛する《クリストファー・コロンブス》を制作する。それればかりか、一九七二年にはベラスケスの《フェリペ四世騎馬像》になぞらえながら、フランコの孫娘にあたるカルメン・マルティネス゠ボルディウの肖像画を制作した。一九五〇年にはマリア・ゲレーロ劇場で「ピカソはスペイン人である、わたしもそうだ。ピカソは天才である、わたしもそうだ。ピカソは七二歳で、わたしは四八歳だ。ピカソは世界中で有名である、わたしもそうだ。ピカソは共産主義者だ。わたしはそうではない」と演説して、独裁政権寄りの立場を明確に表明した。こうして、一九二〇年代後半から三〇年代前半にかけて、ともにシュルレアリスムの文脈で国際的な知名度を高めていったピカソとダリは、内戦を境に敵対する間柄になってしまった。ピカソと同じ側に立つミロも、ダリとは絶縁状態になってしまう。

国際社会から排除されていたスペインが旧植民地であるラテンアメリカ諸国との連携を深める目的で、政府主催で開催したのがイスパノアメリカ・ビエンナーレである。一九五一年にマドリードで開催された第一回ビエンナーレでは、まだ前衛芸術の作品が大々的に展示されたわけではなかったものの、後に抽象美術によって国際舞台での受賞を重ねていく若い世代の芸術家たちが参加していた。そして一九五五年にバルセロナで開催された第三回ビエンナーレでは抽象絵画が大きな存在感を示すことになる。

第三回ビエンナーレと並行してバルセロナの副王妃宮殿で開催された「スペイン現代絵画・彫刻の先駆者と巨匠たち」展には五七点のピカソ作品が展示された。これは画期的な出来事である。というのも、独裁体制にとってピカソは不倶戴天の敵「アカ」であって、治安当局にマークされる「危険人物」だったことに変わりはなかったからだ。ピカソの生誕九〇周年にあたる一九七一年でさえ、スペインの官憲は記念式典のいくつかを中止、あるいは解散させている。しかもこの年には、ピカソの作品を展示する画廊や書店が「反マルクス主義闘争部隊」を名乗る極右集団から襲撃を受けた。マドリードのテオ画廊では展示されていた「ヴォラール連作」にペンキや酸がかけられ、バルセロナではシンク・ドール書店やピカソ工房に火炎瓶が投げ込まれた。後者の画廊はピカソの作品を展示していたわけではなかったものの、その名を画廊名に掲げているだけで、攻撃の対象とされてしまったのだ。

少なくとも表向きにはピカソ否定論が公式のイデオロギーだったはずなのに、政府主催の展覧会にピカソの作品が展示されたというのは、いったいどういうわけなのだろうか。先述の展覧会だけではなく、一九六一年には国立現代美術館で一七七点もの作品を展示するピカソ版画展が開催されている。

端的にいうと、独裁政権は表と裏の顔を使い分け、政治的に対立するピカソを「スペイン性《イスパニダー》」を体現する画家として利用しようとしたのである。一九六四年には三点の《画家とモデル》を購入し、一九六八年からフランコの後継者と目されていた副首相カレロ・ブランコを中心として、ニューヨーク近代美術館からの《ゲルニカ》返還を画策した。ピカソがこうした動きを容認するはずもなく、《ゲルニカ》は共和国政府が復活したときに共和国政府に返還されるべきだとする書簡を送り、フランコ体制下のスペインに返還されることを阻止することになった。

少し話を戻そう。前衛芸術を公認するという文化政策の方針転換を背景にしながら、独裁体制下のスペインで新たな前衛芸術が花開くことになる。アルタミラ派、ダウ・アル・セット《サイコロの七の目》、グルポ・ポルティコといった前衛芸術グループが結成され、一九五〇年代後半以降、そこから頭角を現したアントニ・タピアス（一九二三―二〇一二）やアントニオ・サウラ（一九三〇―九八）といった抽象画家たちがスペインを代表する芸術家として国際的な舞台に躍り出ていく。彼らはヴェネツィア・ビエンナーレやサンパウロ・ビエンナーレ、東京国際版画ビエンナーレなどに参加して受賞を重ねていった。

こうした独裁政権下で新たに現れた前衛芸術は、戦前の流れから断絶されていたわけではない。タピアスやサウラの初期作品はシュルレアリスム、とくにミロやクレーから多大な影響を受けており、ダウ・アル・セットというグループ名自体が、戦前のシュルレアリスム運動を参照していることを明確に示してしている。一九四九年にバルセロナで結成された前衛芸術グループ、クルブ49も、その主要メンバーは第二共和制下で活動していた「ＡＤＬＡＮ」の中心人物たちだった。[5]

四　中央と地方の対立――ガスパール画廊とピカソ美術館

ダウ・アル・セットやクルブ49の名前が出てきたところで、その活動の中心地となったカタルーニャに目を向けてみよう。一九四〇年代まで、国内の独裁体制と国外の亡命者に二分されていた状況に、新たなファクターとして地方が登場してくる。とりわけ第二共和制下で認められていた自治権を剝奪され、現地語であるカタルーニャ語を公の場で使用することを禁じられてしまったカタルーニャでは、中央政府の意向とはまったく異なった動きが生じていった。早晩に独裁制権が倒れ、スペインに共和制が復活するという希望が失われていくにつれて、亡命者たちとカタルーニャの間に国境を越えた協力体制ができあがっていく（第一章参照）。ここでは中央政府が関与する国家レベルの話と、画商やコレクター、知識人といった、いわゆる私人によるローカルなレベルの話を、まったく別個の流れとして区別しなければならない。

戦後のバルセロナで、前衛芸術の普及に大きく貢献したのは、現在でも主要な画廊が立ち並ぶクンセイ・ダ・セン通りに店舗を構えるガスパール画廊だった。ジュアンとミケルのガスパール兄弟が共同経営する画廊はクルブ49の活動を支援し、ピカソやダリ、ミロ、クラベ、タピアスといった前衛芸術家たちの作品を扱った。

ガスパール画廊が初めてピカソ展を開催したのが一九五六年で、それからほぼ毎年のようにピカソ展を開催している。これによって、ピカソの最新作がスペインに継続的に流入してくるようになった。スペイン国内でピカソ作品の安定した流通ルートが確立するのは、これが初めてのこととなる。しかし、独裁体制下のスペインで前衛芸術に全面的にコミットするのは危険に満ちた行為でもあった。一九五七年、ピカソ展のためにパリから輸送された作品は、税関の申告書で芸術作品であることが伏せられ、サーカスの備品であると記載された。当時の状況をジュアン・ガスパールはこう振り返っている。「怖かったのは（展覧会に対する）抗議が何もないかもしれないこと、あるいは展覧会場に爆弾をしかけられはしないかということだった。当時、私たちは不安で眠れなかった。」しかし、過剰な反応を引き起こしたり、あるいは徹底的に黙殺されるのではないかというジュアン・ガスパールの心配は杞憂に終わり、このピカソ展は無数の観客が行列をなすほどの盛況ぶりとなった。

一九六三年にはピカソの秘書を務めたジャウマ・サバルテスが、ピカソから譲り受けた作品をバルセロナ市に寄贈する。このコレクションをもとに設立されたのがバルセロナのピカソ美術館だ。バルセロナに美術館を設立することを提案したのはピカソ本人である。独裁体制と対立してはいたものの、ピカソは青春時代を過ごしたバルセロナ市に対して惜しみない援助を行っている。(6) 当然ながら、美術館の設立を実現させるためには、バルセロナ側の協力が必要である。ガスパール兄弟がピカソとの連絡役を務め、市長プルシオラスが市議会を説得、公証人ライモン・ノゲラが法的な手続きを行った。ただし、ピカソ美術館の設立は中央政府の意向に反したものでもあったため、計画を推進した市長プルシオラスは美術館を爆撃するという脅迫さえ受けたという。そのため、開館当初は公式に「ピカソ美術館」と名乗ることはせず「サバルテス・コレクション」という名称を使わざるを得なかった。ピカソは一九六八年、サバルテスの死去をきっかけとして、この美術館に「ラス・メニーナス」連作を寄贈した。ベラスケスの代表作《ラス・メニーナス》に、ピカソなりの改変を施して制作された連作である。「だが、カンヴァスはどこにあるんだ」という言葉でゴーティエが称賛したような、ベラスケスのリアルな絵画空間は徹底的に解体され、登場人物がまるで万華鏡のように、変幻自在に変化していく。フランコ体制下で絶大な影響力をふるった批評家エウヘニオ・ドールスによって「諸々の要素の余りにも完全な総合」と定義され、スペイン美術の頂点に位置づけられた《ラス・メニーナス》をバラバラに解体する行為自体、独裁体制に対する挑発行為であるばかりでなく、それをバルセロナに寄贈するというのは、中央に対する地方の、古典芸術に対する前衛芸術の挑戦とみなすことができるだろう。しかも「ラス・メニーナス」連作の第一作（図3）は、《ゲルニカ》を彷彿とさせる白と黒のモノクロームの作品なのだ。

フランコ体制の最末期にあたる一九七〇年、ピカソはバルセロナの実家に保管されていた初期作品を寄贈した。この寄贈は二三六点の油彩、一一四六点の素描、一七冊の画帖、二点の版画を含む大規模なものである。それだけではなく、ピカソは手元にあったすべての作品をバルセロナに寄贈することまで考えていた。この構想が実現する前にピカソが死去してしまったため、さらなる寄贈は実現しなかったものの、もしこれが実現していれば、バルセロナのピカソ美術館は、パリのピカソ美術館を凌駕するような、ピカソ芸術の聖地となっていたはずだ。

画家本人が独裁体制に対して抵抗を続けていた一方で、独裁体制下で初めて公的な認知を受けたという意味では、ミロも同じだ。ミロは一九七〇年のブルゴス裁判でバスクの武装独立組織ＥＴＡのメンバーに死刑判決が下ったことに対する抗議活動に参加したり、独裁体制による最後の死刑囚となったサルバドール・プッチ・アンティックを追悼するかのような三連画《死刑囚の希望》を完成させている。こうした反独裁体制的な行動にもかかわらず、一九六八年にはバルセロナの旧聖十字病院で大規模なミロ展が開催された。国内亡命者としてひっそりと活動することを余儀なくされていたミロが、スペイン国内で公的な認知を受けた初めての展覧会である。オープニングには情報・観光大臣マヌエル・フラガが出席したため、ミロは仮病を使って式典を欠席する。そして、すり寄ってくる独裁体制への拒絶を表明するかのように、翌年には若い建築家たちの呼びかけに応じて建築家協会で「もうひとつのミロ」展を実現させた。

図３　ピカソ「ラス・メニーナス」連作1957年。(バルセロナ、ピカソ美術館)

おわりに

短くはあるが、本章で描き出そうとしてきたのは、スペインの前衛芸術が内戦という大きな危機を挟んで、いくつもの「ねじれ」を生じさせたことである。それは「断絶した」という表現で簡単に片付けられるようなものではない。主要な前衛芸術家を輩出しながらも、前衛芸術を育てる土壌がなかなか育たなかったこと、内戦中の文化遺産の保護に前衛芸術家たちが多大な貢献をしたこと、あるいは厳しく思想統制された独裁体制下で、ピカソやミロ、ダリに代表される前衛芸術家の作品がまとめて展示され、公的な認知を得る環境がようやく成立したことなど、多くの「ねじれ」は、スペインの二〇世紀が辿った複雑な歴史をそのままに反映している。

ときに激しい憎悪や暴力にさらされる前衛芸術家たちの個人的な思いは、閉塞感や嫌悪に満ちた社会の雰囲気に押しつぶされることなく、理解のある仲間や画商たちの支援を得ながら時代を超越していった。芸術家の人生よりも芸術作品のほうが長く残るというラテン語の格言「アルス・ロンガ、ビタ・ブレヴィス」をもじって、寡頭政治よりも芸術作品のほうが長く残ることを意味する「アルス・ロンガ、オリガルキア・ブレヴィス」と形容したくなるところだ。本書の主旨に沿うならば、政治的な要因は前衛芸術が展開する背景を形成するものの、独裁体制による厳しい統制にすら押しつぶされることがなかった芸術家やその支援者たちの確固たる意思によって、スペインの前衛芸術は内戦という大きな危機を克服したのだと結論づけることができるだろう。

(1) ムダルニズマ、ノウセンティズマはカタルーニャで起こった前衛芸術運動。ムダルニズマは一九世紀末、アール・ヌーヴォーの影響を強く受けながら、美術に限らず、建築、文学、音楽、演劇、広告、室内装飾など、非常に幅広く展開したもの。代表的な芸術家としては、建築家にアントニ・ガウディやドゥメナック・イ・ムンタネ、画家にサンティアゴ・ルシニョールやラモン・カザスなどがいる。ノウセンティズマは一九一〇年代、批評家アウジャニ・ドルスが提唱した運動で、地中海への回帰を指向した。ウルトライスモは一九一八年から前者ふたつに反発する形でマドリードを中心に展開した文芸運動。主に文学の分野で展開された運動だったものの、美術の分野でもラファエル・バラダスやバスケス・ディアスといった画家たちがキュビスムや未来派を受け継いだ、多様な前衛作品を制作した。

(2) スペインの国立美術館には前衛芸術の作品がなかなか収蔵されなかった。たとえばパリ旅行をきっかけに前衛芸術の擁護論者となった詩人ホセ・モレノ・ビジャが国立近代美術館にピカソ作品が展示されていないことを憂い、館長マリアノ・ベンジウレにピカソ作品の購入を持ちかけたものの、「必要もない」と断られてしまう。

(3) GATCPACは「現代建築のためのカタルーニャ人建築家・技術者集団」の頭文字をとった名称。

(4) スイスに生まれ、フランスで活動した近代建築を代表する建築家。「住宅は住むための機械である」という言葉のとおり、装飾をそぎ落とし、鉄筋コンクリートを用いた機能主義建築を手掛けた。東京、上野にある国立西洋美術館もル・コルビュジエの設計。

(5) 彼らが出版した刊行物の名前から「コバルト49」と呼ばれることもある。その主要メンバーであるミロ、写真家ジュアキム・ゴミス、批評家サバスティア・ガスク、蒐集家ジュアン・プラッツ、彫刻家アウダル・

セラなどは「ＡＤＬＡＮ」の主要メンバーでもあった。
（6）ピカソがバルセロナ市に初めて作品を寄贈したのは一九一九年のことである。戦後には一九五七年に一六点の陶器を寄贈したことを皮切りにして数々の寄贈を行っている。

【出典・参考文献】

「〝世界文化を護れ〟スペインから協力依頼の手紙」、『東京朝日新聞』一九三八年七月二六日朝刊、一一面。

LAIN ENTRALGO, Pedro, “Un médico ante la pintura”, *Vértice*, n.7-8, diciembre de 1937-enero de 1937, s./p.

STEIN, Gertrude, *Picasso*, London, B.T.Batsford, 1938.（*The Major Works of Gertrude Stein*, Volume XIII, Tokyo, Hon-No-Tomosha, 1993 に再録。）

第五章　フランコ独裁政権下の小説——社会危機の表象

丸田千花子

はじめに

スペイン内戦（一九三六～三九）は政治社会のみならず、文化芸術の連続性の断絶も招いた。文学も例外ではなく、内戦後、心ある知識人や作家は政治的対立を超え、内戦により断絶された文学界を復興させようとした。が、この動きにたちはだかったのが一九三八年に施行された検閲制度である。この制度により国内で流通する出版物には事前検閲が必要となり、政権下の社会事情が正しく世の中に伝わらなくなったのである。検閲制度は一九六六年に一度改正されたが、フランコ政権時代を通して廃止されることはなかった。この状況に危機感を抱いた作家は社会の現実を小説で表現し、内戦前とは異なる手法でリアリズムを追求していく。スペイン文学史上、フランコ政権下の小説は社会と密接に関係した、時代の証言者という大きな役割を担った。

一九三九年から七五年までのフランコ政権は約一〇年ごとに政権をとりまく環境が変化し、小説もこの政治社会の変化と歩調を合わせて発展していった。各時代の小説が重要視したのは、孤立した個人（一九四〇年代）、社会の不正（一九五〇年代）、そして社会と人の関係（一九六〇年代以降）である。小説は「不確実性に満ちた現代のスペイン人の存在（人）、孤独に分断された現代のスペイン社会の状態（社会）、そして、現代のスペイン社会全体の構造に出入りする個人の良心（社会の中の人）を探究する。不確かな存在、社会的な孤独、集団的な文脈の中での個人のアイデンティティを描くことは、この時代のスペインの小説家にとって、現在のスペインの現実を発見するため」に必要だった（Sobejano, 2005）。小説家は独裁政権という抑圧された社会を前に危機感を抱き、小説を通してスペイン社会の現実と問題を示し、解決の必要性を世間に訴えていった。フランコ独裁政権という巨大な権力を拝する社会の中で、「スペインの現実とは何か、スペイン人とは何か」という問いに答えようと試みたのだった。本章では各時代の代表的な作品――『パスクアル・ドゥアルテの家族』（一九四二）、『ハラマ川』（一九五六）、『レヒオンに帰れ』（一九六七）――を通して、フランコ政権下の小説が持つ意義と芸術的挑戦を紹介する。

一　フランコ政権時代の検閲制度

フランコ政権下で小説が時代の証言者という重要な役割を担った背景には、一九三八年以来メディアなどへの厳しい検閲制度の存在が関係する。この実情を作家ファン・ゴイティソーロ（一九三一～二〇一七）が説明している。

「スペインでは、新聞はどちらかというと煙幕のようなものだ。長年、この国で起こっている非常に重要な事柄の数々を新聞は触れようともしない。現実を明らかにするためではなく隠すための新聞なのだ。私たちスペインの作家は皆、新聞によって隠されていた現実の姿を伝えることで、大衆の情報欲を刺激する必要性を感じていた。ある意味、この時代のスペイン文学の証言的価値はこの点にあると私は考えている。これが原点であり、未来の歴史家は、正確で客観的な情報を伝える新聞がなかったために生じた一連のギャップや欠落を埋めようとするならば、スペイン小説の分析に頼らざるを得ないだろう」（Goytisolo, 1967）。

フランコ政権下で検閲を経験した作家ミゲル・デリーベス（一九二〇～二〇一〇）もゴイティソーロと同意見である。「検閲は政治状況や性的表現だけではなく、政権が隠したかった経済や社会の現実を明らかにすることを禁止した」（Delibes, 2004）。

フランコ政権下の検閲制度は、内戦中の一九三八年四月施行の出版法にもとづいて行われ、国内に流通するあらゆる出版物（書籍、新聞、雑誌などの定期刊行物）、映画、演劇、見世物、公共のイベントを事前検閲した（岡本、二〇一四）。共通の審査基準もあったが、中核となる客観的かつ具体的な基準が不十分だったため、検閲官やその時々の状況によって検閲に通るか否かが決まった（Abellán, 1980）。ただし全体主義に代わる新たなイデオロギーとして国家カトリック主義（フランコ政権による政教一致主義）を政権がうたっていく中、教会やカトリック批判、またはそれを連想させる内容は常に厳しい検閲措置を受けた。一九四七年に作家としてデビューする前、バリャドリッドの地方紙『エル・ノルテ・デ・カスティーリャ』の記者だったデリーベスは、四〇年代前半、国家報道局が新聞社に対して「何を公表するかが義務づけられているだけでなく、どのように公表すべきか、何を一切公表していけないかについて、毎日指示を出していた」と証言し、体制を批判したとされた編集者の解雇を目のあたりにした（Delibes, 2017）。この時期は敗者となった共和国支持者に対する戦後処理が続き、第二次世界大戦の勝敗の行方によっては政権の先行きが不透明になる状況だったため、政権が報道内容に神経を尖らせていたことも関係している。

この一九三八年の出版法は、六六年に検閲の緩和を目的とした新たな出版法、通称「フラガ法」に代わり、これ以降、公序良俗に反する可能性のある検閲対象物だけに事後検閲が課された。しかし出版業者や著者が公衆に提供するものを管理する責任を負ったため、フラガ法は自己検閲を制度化してしまった（Larraz, 2014）。デリーベスは、このフラガ法と三八年の出版法とを比べ、「（我々は）以前、思ってもいないことを書かされたが、いまは思ったことを書くのを禁じられ、それで満足させられようとしている。これが、我々が勝ち取ったものだ」と述べた（Delibes, 2004）。またデリーベスは、検閲が作家の自由な創作活動に対する許されざる権力の行使と断罪したが、検閲を意識して『マリオとの五時間』（一九六六）の執筆過程では人物設定を変更した（Delibes, 2004）。一方で、検閲には消極的な意味での効果もあったとする。検閲は「約四〇年間を通してスペインの小説にブレーキをかけて黙らせたが、言いたいことを言うために作家に知的解決策を模索させ、（……）結果として作家の想像力に刺激を与えた」（Delibes, 2004）。そして検閲は作家に「新しい表現形式を求め、当時沈黙法の支配下で禁止されていた思想や現実を、芸術的効果を持たせながら明らかにするように促した」（Delibes, 2004）。

このように検閲制度により社会の実情が国民に伝わらないことを憂慮した作家たちは、政治信条の別なく、小説を時代や社会の証言者にしようとした。たとえば内戦直後の一九三九年から五四年までに出版された小説では、当時の社会の混乱と問題――閉塞感、暴力、飢餓、貧困など――が常にテーマとして上がった（Pope, 1984）。フランコ政権時代を通して小説が他のジャンルより隆盛した理由はここにあった。

二　内戦後文学の復興への試み

内戦終結後の一九四〇年代は「飢餓の時代」と言われている。国際機関から排除され、戦後の復興のための資金もなく、物資も輸入されなかったため物資不足となり、闇市が栄え、市民の生活は困窮した。一方、政権は内戦後の「新国家」をめざすが、その裏で戦争と政治責任の清算は続き、市民と社会に沈黙を強いた。国土や人心が荒廃したのと連動するように、内戦後のスペイン文学界は空洞化し、一九四〇年代は「暗黒の一〇年」と呼ばれた（Martínez Cachero, 1997）。内戦前の第二共和国政府のもとで活躍していた作家、芸術家、知識人は、身の安全と自由な創作活動を確保するため、内戦終結までに、イギリス、フランス、ソ連などのヨーロッパ諸国、アメリカ合衆国やラテンアメリカ各国へと亡命した。名のある作家の亡命、新しい作家の不在、印刷関連の物資不足、第二次世界大戦と政権の運命の不透明さなど、社会に蔓延する不安感を前に、文学界の今後を懸念する声が各方面からあがった。たとえば「九八年世代」の作家ピオ・バロッハ（一八七二～一九五六）は一九四三年に、「現在の環境は小説の発展にはあまり適していないと思う。戦争という事実は、私が不可欠と考える生活の安心感を社会に与えてくれない」と述べた（Sobejano, 2005）。

一方、ファランヘ党（スペインのファシスト党で独裁政権唯一の公認政党）の知識人ディオニシオ・リドルエホ（一九一二～七五）、ペドロ・ライン・エントラルゴ（一九〇八～二〇〇一）や党の共同代表のファン・アパリシオ（一九〇六～八七）は、国内文学を復興させる道を模索する。彼らは国民の生活に余裕がないこと、戦争による厭世観が蔓延したことが原因で文化に対する国民の関心が低いことや、国内の文学作品の穴を埋めるように翻訳作品が多く輸入されていることを問題視した。特に翻訳作品に対する警戒感は高く、アパリシオは、編集長を務める雑誌『エル・エスパニョール』の創刊号（一九四二年）で、「わが国において民間の主導により戦後の書誌に貢献したのは、ほとんど海外で生産された三流、四流の文学である。このように嘆かわしい作品の悪しき翻訳が進み、奨励されることは第一の悪であり、小説の分野において国内に価値あるものがないことを示している」と懸念した（Martínez Cachero, 1997）。また作家のファン・アントニオ・デ・スンスネギ（一九〇一～八二）は、「国内文学に注意を払わなければいけない。文学はほかの産業と同様に保護されるべきだ。これまでのように翻訳作品の輸入を制限なく認めることは経済分野においてあらゆる製品を輸入するのと同じく弊害がある」と警告した（Martínez Cachero, 1997）。しかし翻訳作品が普及したのは、幻想小説、エキゾチックな小説、またはフィクション化された伝記が、血なまぐさい内戦の記憶や戦後処理ともいうべき敗戦側の市民への執拗な弾圧などの陰鬱な現実から目をそらすための娯楽として好まれたからである（Sobejano, 2005）。翻訳小説の隆盛は、重苦しい社会情勢が文化に影響を及ぼしたひとつの事例である。

いずれにしても国内文学の再生は焦眉の急であり、そのために定期刊行物と文学賞を利用した若手作家の発掘と作品発表の場の確保という二つの手が講じられた。まず政府主導の文化事業の一環として『エスコリアル』、『エル・エスパニョール』、『ラ・エスタフェタ・リテラリア』などの定期刊行物が創刊された。その名前を世間に広めるため、若い作家に作品投稿の機会を与え、さらに書籍として出版することを目的とした。当然ながら雑誌の構成にはファランヘ党の政治的意図も含まれていたが、アパリシオは『エル・エスパニョール』においては、個人的あるいはイデオロギー的に政権に対立する作家にも投稿の機会を与えた（Martínez Cachero, 1997）。またライン・エントラルゴはリドルエホとともに『エスコリアル』や、一九四三年には政府系のナシオナル出版の運営にあたった。この出版社はファランヘ派の作家の小説――ゴンサロ・トレンテ・バリェステール（一九一〇～九九）の『ハビエル・マリーニョ』（一九四三）、ラファエル・ガルシア・セラーノの『忠実な歩兵隊』（一九四三）など――を出版した。また賞金つきの文学賞も若手作家の創作意欲を高めた。内戦前からの「国民文学コンクール」に加え、政府主導でフランシスコ・フランコ（一八九二～一九七五）やホセ・アントニオ・プリモ・デ・リベーラ（ファランヘ党創設者、一九〇三～三六）の名を冠した「国民文学賞」（一九四〇～七五）、「ミゲル・デ・セルバンテス国民小説賞」（一九四九～七三）などが創設され、民間の出版社による文学賞もこれに続いた。その一番手はバルセロナの週刊誌『デスティーノ』主催の「ナダル賞」（一九四四年創設）であり、第一回受賞作品は女性作家カルメン・ラフォレー（一九二一～二〇〇四）の『なにもない』（一九四五）だった。また出版社は受賞作品にくわえ、応募作品の中で秀逸なものを出版し、国内作品の普及に努めた。ナダル賞をはじめとする文学賞は、国内小説を翻訳小説に代わるものとして周知させることに成功し、作家という職業を認知させた。このように物資不足や検閲制度という作家にとって不利な状況下でも、内戦後文学の復興活動が静かに動き出した。

三　内戦後社会の孤独と疎外——一九四〇年代の実存主義の小説(1)

一九四〇年代の社会状況と連動するように、内戦後の不確実な社会の中で孤独に生きる個人、または社会から疎外された個人に焦点を当てた小説が生み出された。内戦、独裁政権、第二次世界大戦の勃発などが続いた社会で、「芸術家は創作するための安定した地場を足元にみつけることができず、作家は外の世界を解釈するための新しい基盤を実存主義に求めた」(Palley, 1961)。実存主義の小説と呼ばれるものは存在、絶望、無、自由、選択、責任、苦悩、不条理、他者という九つの実存的テーマを持っている(Palley, 1961)(2)。これらは同時に内戦を大人として経験した作家自身のテーマでもあった。「戦争世代」の作家——デリーベス、スンスネギ、ラフォレー、トレンテ・バリェステール、そしてカミーロ・ホセ・セラ(一九一六〜二〇〇二、一九八九年ノーベル文学賞受賞)——は政治信条と関係なく、内戦による社会の分断が原因で周りとの連帯感を味わうことがなかったと言われている(Sobejano, 2005)。このような経験をもとに、彼らは個人の間で、または個人と共同体との間で意思疎通ができないことによる悲劇や運命の不確実性を小説で描いた。登場人物の多くはアンチヒーローであり、周りとの意思疎通を諦めた結果、家族・友人や共同体から疎外され、自分ではどうすることもできない不条理な運命を前に、必死に自分の生きる道を探すが失敗する。小説ではその苦悩や絶望を一人称の「私」が語る。舞台は内戦の爪痕が色濃く残る大都市や閉鎖的な地方都市や町の、さらに狭い空間――家、学校や仕事場など――である。この狭い空間は、社会における登場人物の孤独な立場を象徴しているようであり、この中で登場人物が現在の自分と向き合いながら生きていく様子が描かれる。これらの小説は個人や社会の一部を示す人生の短い断片の記録であるため、時間は一日や数日など短く設定されているものが多い（Sobejano, 2005）。

図1　カミーロ・ホセ・セラ（1992年頃）

内戦後小説は、実存主義の小説の代表作であるセラの『パスクアル・ドゥアルテの家族』で幕を開けた。この小説は、エストレマドゥーラ地方の農夫、パスクアルが獄中で記した手記をもとにした告白小説である。セラは小説の本質が理解されるためには事物について多く説明しないという信条から、この小説では主人公に自分の半生を語らせ、第三者の介入を排する形をとった。主人公パスクアルは内戦の年に村の名士トレメヒア伯爵を殺害したことで死刑を宣告され、刑執行までの日々、生まれてから母親殺しまでの半生を手記に記す。その手記では、主人公が執筆を中断して過去の行為を反省する様子や独房での出来事を書いているため、彼の過去と現在の様子がわかる。

その手記に綴られたパスクアルの人生は不条理に満ちた孤独なものである。彼は野卑で無知、そして衝動を抑えられずに破滅的行動をとる一方で、家族の幸せを願いながらも現状から抜けだす強さを持たない若者である。家族といえば犯罪歴を持つ暴力的なポルトガル人の父、子どもを虐待する母、自ら望んで娼館に行った妹や障がいのある弟であり、村はずれの家は共同体から完全に孤立している。学校にも行かず、友人もなく、妹と妻ローラにしかパスクアルは心を許さない。このように劣悪で孤独な環境で生きるほかなかったパスクアルは、自分が傷つけられると、人間や動物の別なく暴力をふるい殺害した。しかしそこにはパスクアルなりの正当な理由――悲しみ、憤怒、憎悪、絶望――があり、彼は生まれつきの悪党ではない。パスクアルがけがを負わせた村の裕福な若者は酒場で彼を侮辱した。彼が殺害した者たちは、一人目の子どもを妊娠中の妻ローラをふり落として流産させた馬、不倫相手の子を妊娠した妻、妹に暴力をふるい搾取したあげく妻も誘惑したエル・エスティラオ、そして長年にわたり自分を苦しめてきた母親だった。特に妻の裏切りは、二年間家を不在にしたパスクアルに非があったとはいえ、改心して彼女とやり直したいと思っていた彼を心底絶望させた。ただ飼い犬の殺害はパスクアルの被害妄想によるものだった。このように残酷なふるまいを重ねたパスクアルの告白は過去に犯した罪を贖《あがな》い、自分の運命を静かに受け入れるために見えた。が、手記の最後に付された刑の執行人の手紙には、刑の執行にあたりパスクアルは死への恐怖で激しく取り乱したとある。このことから告白は、過去の過ちは運命による必然だったという彼の自己弁護のためとも考えられる。

小説を通してパスクアルが見せた人間の弱さと醜さ――行き場のない怒りと絶望の感情、残酷さ、無気力さ、生への執着など――は、三年前に終わったばかりの内戦で人々が実際に抱いたものを作者セラが小説に具現化したものとも言える。セラにとって、内戦は「急ぎ足で情熱的、冒険的で忌まわしく、不均衡で落ち着きのない破滅的なものとして、私たちに痕跡を残した」ものである（Cela, 1993）。この小説は内戦に触れていないが、セラは内戦という危機的状況下で人々が見せた激情、人間の弱さや暴力行為をパスクアルのそれに重ねたのだろう。

当時の文学界に大きな衝撃を与えたこの小説は、その凄惨な内容ゆえに第二版が検閲により出版禁止となった。しかしセラは、文学あるいは小説が生き残る条件として社会に対峙する強い態度が必要と考えていた。「文学が戦後も死ななかったのは、まさにその攻撃性によって蘇ったからだと理解している。攻撃性という原動力がなければ、スペイン文学は、現在この国で生きることはできない。そして愛着を持たれることもなく、国やそこに住む人々と無関係の人工的なものとなるにすぎないだろう」（Cela, 1969）。検閲官の経験もあるセラが、あえて攻撃的な内容を持つ『パスクアル・ドゥアルテの家族』を発表したことはスペイン文学の復活を願ったからである。その結果、この小説がこれまでにない独創性の強い作品として世の注目を浴びたことはセラの狙い通りになったと言えるだろう。

四　経済復興の中での対立と格差――一九五〇年代の社会派小説

一九五〇年代、スペインは国際社会に復帰し、内戦後停滞していた「人とモノの移動」が国境を越えて動き、経済復興を成し遂げていく。しかし前時代の経済停滞のツケが最も弱い社会層に及び、政権の庇護を受けたブルジョア層との経済格差や、都市と地方の地域間格差が広がった。格差と対立が広がる中、新しい世代の作家は、社会の問題や不正を小説で提起しようと「戦争世代」の作家とともに社会派小説を世に出していった。

社会派小説は「危機の存在とその解決の緊急性が明らかな状態にあり、軋轢もある共同体の生活を、芸術的に理解できるタイプの小説」である（Sobejano, 2005）。そして社会の実情を忠実に芸術作品として描く手法として、一九五〇年以降、スペインに入ってきたイタリアのネオレアリズモ映画や文学の手法が着目された。第二次世界大戦後のイタリアは、内戦直後のスペインと同じく生活困窮や不正などの社会問題を抱え、その現実を映画や文学が写実的に描いた（Fernández, 1992）。そのイタリアのネオレアリズモがスペインの現実を照らし出す手法として有効と考えた作家ら――国立映画学校出身のヘスス・フェルナンデス・サントス（一九二六～八八）や、イタリア映画や文学に造詣が深いラファエル・サンチェス・フェルロシオ（一九二七～二〇一九）――が積極的にこの手法を採り入れた。この二人をはじめとする「戦争の子どもたち世代」と呼ばれる作家たちは、雑誌や出版社との関係が深く、バルセロナとマドリードのグループに分かれる。バルセロナの『デスティーノ』やセイス・バラル社と結びついていたのはゴイティソーロ、アナ・マリア・マトゥーテ（一九二五～二〇一四）やフアン・ガルシア・オルテラーノ（一九二八～九二）らである。一方、マドリードでは『レビスタ・エスパニョーラ』を中心にフェルナンデス・サントス、サンチェス・フェルロシオ、カルメン・マルティン・ガイテ（一九二五～二〇〇〇）、イグナシオ・アルデコア（一九二五～六九）らがグループを形成し関係を深めた。

社会派小説の作家にとって「社会派」は集団的正義を意味し、彼ら自身は政治活動と一線を画した一市民の立場から、または人道主義的観点から小説の場で社会問題を示し、その解決を世間に訴えた。したがって社会派小説は次のような特徴がある。まず社会全体の問題をテーマとするため、主人公は集団であり、小説の舞台となる場所やそこの住民が主人公になることもある。個人はあくまでも特定の社会グループを構成する一員として登場し、その社会グループは農民、漁師、店員などの労働者から都市の裕福なブルジョア階級まで幅広い。テーマは国の発展から取り残された地方の孤立、教育格差などが原因で搾取される社会的弱者の苦悩、有閑階級の道徳的退廃などである。異なる価値観を持つ社会グループが出会うことで、潜在的な問題が暴露されたり、摩擦や対立も描かれたりする。舞台は都会や地方の町、川や山などの屋外が多く、登場人物の行動範囲も広いため、様々な場所が紹介される。また現在の社会を描くことが重要な目的であるため、時間の経過は一日、数日、長くても一年以内と短い。一九五〇年世代の作家にとって、内戦は子ども時代や当時のフランコ体制と強く結びついているため、個人や社会の現在を作り出した過去という認識を持つ。そのため小説でも内戦は登場人物の現在を説明するときに簡単に触れられるにとどまる。

社会派小説では、個人の内面に立ち入らず、主観的な心理描写を排除することから、登場人物の間の会話が多用され、三人称の語り手が客観的な視点から現実を実写する。出来事を同時に、または複数の視点から描写したり、カメラのクローズアップのようにひとつの事物を詳細に言語化したりなど映画的手法が用いられることもある。構成においては、章立てされていない場合、場面転換は空白行で示され、空白行で区切られた断片は映画の一場面とみなすこともできる。社会派小説はイタリアのネオレアリズモの影響だけではなく、ヘミングウェイやドス・パソス（行動主義）、フォークナー（複数の視点）、ジェイムズ・ジョイス（同時性）、プルースト（連想）らの作品の影響も受けている（Sobejano, 2005）。

この社会派小説の先駆けはセラの『蜂の巣』（一九五一）であり、本格的な始まりはフェルナンデス・サントスの『勇敢なる者たち』（一九五四）とされる。その『勇敢なる者たち』は同世代の作家から絶賛された。マルティン・ガイテは「新鮮で、シンプルで、すばらしく信憑性がある」（Narvión,

1954）と述べ、『ハラマ川』を執筆中のサンチェス・フェルロシオは『勇敢なる者たち』が日常生活を理想化せず、取るに足らないできごとも小説の魅力になることを証明したと称賛した（Villanueva, 1973）。この執筆中の『ハラマ川』が社会派小説をさらに発展させたのである。

『ハラマ川』の主人公は川一帯そのものといってよい。内戦の激戦地としての川の歴史、川周辺の自然、地元の人々や川に来る観光客なども含まれる。小説は、ハラマ川に近い宿兼食堂と川辺で起こる一日——一九五四年の八月のある日曜日の朝八時四五分から夜中の零時五〇分まで——の出来事を描いている。これといった事件もなく、いつもの日曜日のように宿の食堂に常連客が出入りし、宿の主人マウリシオとのおしゃべりに興じる様子や、マドリードから自転車で来た若い労働者のグループが川遊びをする様子が小説の前半四分の三で描かれている。そして残りの四分の一では川での溺死事件が語られる。若者グループが夜一〇時頃マドリードに帰ろうとした矢先、仲間の女性ルシータが溺死した。事故の検証のため治安警察や判事らが呼ばれ、川周辺は緊迫した雰囲気となるが、事故処理が終わると若者らはマドリードに帰る。宿も営業を終了し、川一帯は何事もなかったかのように夜の静寂につつまれる。

『ハラマ川』は『勇敢なる者たち』よりも登場人物の社会階層や年齢層が多様であるため、彼らが交わす会話から当時の社会と人々の実像を幅広く把握することができる。小説では世代や年齢が異なる二つの労働者集団——宿の食堂に集う地元の常連客と川遊びに来た都市の若者——が登場する。宿の常連客は地元の農民、羊飼い、肉屋、職人、理髪師や、マドリードのタクシー運転手などで内戦を経験した世代である。一方、若者は二〇代の店員、機械工、整備士、ウェイトレスなどの労働者や家事手伝いのグループである。宿の常連客と若者は同じ労働者として交流することがなく、この二つのグループの話はそれぞれ宿と川辺で同時進行する。小説では三人称の語り手も登場するが、ハラマ川周辺の地形や風景を映画のカメラのように詳細に描写することに徹する。そのため登場人物に関する情報、言動、考えや感情は、彼らの会話から知らされる。その会話の内容は他愛もない日常のこと、隣人の噂話、流行している音楽や映画、社会についての議論、都市の生活や内戦のこと、今どきの若者の行状など幅広い。また話のきっかけはその場に居合わせた人が目にしたもの、思いついたものや思い出したことであり、前後の話との脈絡がないことがある。途中で話題が逸《そ》れたり、中断したり、再び同じ話題が取り上げられたりと、川の流れのように蛇行しながら話が進む。

『勇敢なる者たち』では都市と村、よそ者と村人、善悪が明確に対立していたが、『ハラマ川』における社会批判は登場人物の会話の中で暗に示されている。たとえば地元民の会話では、経済発展を優先し

図2　ラファエル・サンチェス・フェルロシオ（1954年）
出典）ABC

た都会が生み出した道徳の退廃や若者の非常識な行動が批判されている。同時に出身、年齢、職業や価値観の異なる登場人物を多く登場させることで、日常生活上の些細な見解の相違や対立が生まれ、それが幾重にも積み重なる様子を描いている。壮年世代と若者世代、男性と女性、都会と地方、内戦を経験した世代と知らない世代、内戦で人生を狂わされた者や深い心の傷を受けた者、内戦を知らない者、伝統的価値観を持つ者と自由に生きる者、権力を行使する者と権力に従順な者や反抗する者という対立である。

このような日常生活での対立や考えの相違は平時では看過されがちだが、非常事態下では思わぬ形であらわになる。それを体現しているのが若者グループのメリーである。朝、メリーは仲間とともにズボン姿で宿に自転車で到着する。マドリードからのサイクリングにズボン姿が便利だという合理的理由からだった。メリーを見た地元民ルシオは「彼女の恰好はひどい。ズボン姿の女は嫌いだ」と言う。メリーの服装はその後も物議を醸す。上半身は水着、下半身はズボンという恰好のメリーが仲間のフェルナンドと墓地近くを散歩していると、治安警察官から呼び止められる。墓地は教会と同じく神聖な場所であるため、メリーの服装は死者への敬意に欠けると注意を受けたのだった。その場では黙っていたメリーは、彼らが去った後、治安警察官の注意を従順に聞き入れたフェルナンドをおべっかつかいと非難したうえに、警察の警告に従うくらいなら罰金を払う方がましだと言った。このメリーの治安警察官への不満はルシータの溺死という緊急事態で爆発する。友人が死んだと知ったメリーは悲しみのあまり、治安警察官の制止を振り切り友人の遺体に駆け寄るが、治安警察官は乱暴に彼女を遺体から引き離そうとした。メリーは激しく抵抗して暴言を吐き、その態度に憤った治安警察官は、逮捕をちらつかせて彼女を脅す。その場にいあわせた医学生だけが治安警察官に抗議したが、他の仲間は黙って成り行きを見守るだけだった。伝統的女性像からかけ離れたメリーと社会のエリートとみなされる医学生だけが、治安警察官と対等に言い合う一方で、労働者階級の若者らが押し黙る場面は、権力に対する態度の違いが人々の価値観や社会階級によることを示唆している。

一方、対立といえばハラマ川は内戦の「ハラマ川の戦い」の舞台でもあった。一九三七年二月の一か月間、川の南方で戦いが繰り広げられ、両陣営に多くの犠牲者が出たものの、勝敗がつかなかった。しかしこの歴史的大事件は、登場人物の口からじっくりと語られることも議論されることもない。話の延長として個人の経験や見聞したことが会話で断片的に披露され、ときに他の話題に埋もれてしまうこともある。しかし登場人物が多いため、忘れた頃に誰かの口から内戦の話題が出て、結果的に読者の心に内戦の残像が残る。宿の常連客の会話では内戦中の食糧難――犬猫を食したこと、内戦直後のコーヒーは豆の殻から抽出した代物だったこと、内戦中ずっと米を隠していた女性のこと――や、内戦で不幸になった者――内戦の混乱で共同経営者にパン屋を売った金を持ち逃げされたルシオ、内戦で父や兄弟を失ったことが現在の不幸の元凶と嘆く理髪師――の話がぽつぽつと披露される。一方、若者らは内戦を他人事として捉える。ハラマ川が内戦の戦場だったことすら知らなかった者、戦時中、川に死体が浮かんだと聞いて気味悪がる者、母方の叔父の戦死の知らせを受けた場面としか結びつかない者など、彼らにとって内戦は過去の歴史である。小説では世代の異なる両者を対比することで、内戦の体験を個人レベル（ルシオ、理髪師）、生活レベル（常連客）、歴史レベル（若者）と段階的に示している。このように小説では内戦の話題を通して、自然と人間、生と死、現在を生きる人間と歴史を背負う土地が対比されている。

サンチェス・フェルロシオが『ハラマ川』で描いたありふれた日常の背後には、内戦から約一五年経った社会で見られる問題や対立が隠されている。メリーのエピソードは日常生活での些細な対立が非常事態では深刻化することを示している。戦争やクーデタは国や社会の危機であるが、その危機の主体は現場にいる無数の匿名の個人であり、考えや価値観の違いから理解しあえず、身近な者同士が容易に敵対してしまう。実際、日ごろの私怨を晴らす絶好の機会として内戦を利用した市民も多くいた。明確なあらすじもなく退屈な作品という批判もあった『ハラマ川』は、内戦を背後にかかえる一九五〇年代の社会と人々を鋭く描いた証言小説である。

五　変容する社会の中の自分探し——一九六〇年代以降の構造小説

一九六〇年代のスペインは経済の開放政策や経済発展により、市民が経済的に豊かになり、フランコ政権に対する意識も変化していった。フランシスコ・アヤラ（一九〇六～二〇〇九）をはじめとする、内戦後に亡命した作家や知識人も一時帰国し、「人とモノの移動」が活気づいた。一方、一九六〇年代以降の社会では学生運動、労働運動、政権の支持基盤である教会の離反などが起こり、政権末期には反体制運動の激化、要人暗殺の頻発、オイル・ショックによる経済発展の停滞など社会が緊迫化した。高齢のフランコを中心とした独裁政権は確実に終焉へと向かっていた。

一九六〇年代に入ると、社会派小説は客観的描写を重視するあまり、芸術性を無視した無味乾燥な小説だと批判された。社会が成熟し、国民の生活水準も向上し、政権初期に見られた貧困や格差が改善されたことで、悲惨な生活を描く社会派小説への読者の関心が薄れていったのである（Morán, 1971）。小説はもはや問題を指摘するだけではなく、社会のメカニズムを解体し問題解決までを示すことが求められ、これまでとは異なる新しいリアリズムを追求していった。これを先導したのが、ルイス・マルティン・サントス（一九二四～六四）やファン・ベネー（一九二七～九三）ら新しい世代の作家であり、彼らにインスピレーションを与えたのは、ラテンアメリカ文学のブームとフランスのヌーヴォー・ロマンといった国外から入ってきた新たな文学現象だった。特にラテンアメリカ文学のブームはスペイン文学界に影響を与えただけではなく、出版業界にも大きな経済効果をもたらした（Santana, 2000）。そして「長編小説における形式上の発明は（……）リアリズムと対立するどころか、より踏み込んだリアリズムに必要不可欠な条件」（ビュトール、二〇二一）という主張を体現するように、この時代の小説は、新しい形式や実験的手法をもって社会の現実や社会批判を示していくのである。

新しいリアリズムを追求する一九六〇年代の小説は構造小説と呼ばれ、社会構造の中にいる個人に焦点を当て、社会と個人の関係や個人のアイデンティティの探求を描いた。登場人物は、社会の構造がいまの自分の意識やアイデンティティの形成にどのような影響を与えたのか、そして自分は何者かという問いに答えようと、過去を振り返り自分を見つめ直す。こうした登場人物の心の揺らぎを多角的に表すために様々な手法が凝らされた。構造小説の特徴である複数の視点、語りの人称の変化、独白や回想、時間やあらすじの不連続性、空間や時間（過去―現在）の移動や同時性、プロットの脱線などは、アイデンティティをめぐる主人公の迷いや不安などの感情を表している。言語の刷新も試みられ、独白、自分との対話や意識の流れの表現では、一般的な言語だけではなく造語などの新しい言葉も使用されている（Sobejano, 2005）。このように複雑な構造や枠組みを持つ構造小説は、その内容を理解するために読者の積極的な参加を必要とする。

代表的な構造小説には、この時代に活動を開始した作家の小説――マルティン・サントスの『沈黙の時』（一九六二）、ベネーの『レヒオンに帰れ』、ファン・マルセー（一九三三～二〇二〇）の『私が堕ちたといわれたら』（一九七三）――、一九四〇年世代のセラの『サン・カミーロ一九三六』（一九六九）、デリーベスの『マリオとの五時間』と『ある遭難者の物語』（一九六九）、トレンテ・バリェス

図３　（左から）ミゲル・デリーベス、フランシスコ・アヤラ、２人おいてフアン・ベネー（1963年）

テールの『J・B・の冒険／逃走』（一九七二）、五〇年世代のフアン・ゴイティソーロの『アイデンティティの徴』（一九六六）や『フリアン伯爵の復権』（一九七〇）などがある。このように一九六〇年代以降の時代は、内戦後三世代の作家がともに作品を発表するという、スペインの文学界にとっては実り豊かな充実した時代となった。

構造小説は、これまでの小説の傾向から大きく方向を転換し、社会の現実と文学の芸術性が均衡することをめざしていく。まずマルティン・サントスの『沈黙の時』が登場し、ベネーの『レヒオンに帰れ』がその方向性を確実にした。そのベネーは一貫して、内戦後小説に見られる芸術性の低さや社会的な志向性を否定している。さらに芸術性が低い原因は小説が風俗主義に陥っているからであり、こうした文学が当時のスペイン文化の中で重要な役割を担っていることを非難している（Compitello,

1983)。ベネーの批判の矛先は友人マルティン・サントスの『沈黙の時』にも向けられ、芸術性が十分でないと公の場で述べたこともある（Compitello, 1983）。ベネーにとって、小説とは芸術性を損なうことなく社会の現実と個人の関係を描くものであり、複雑な構造を持つ芸術的な小説を意味する。つまりベネーは、内戦終了から三〇年近く経ち、経済発展も生活の向上も果たしたスペインは、他の欧米諸国と同じ水準の文化芸術をめざす時期に来ており、その文化芸術を受容できる成熟した社会や知的な読者が求められていると主張しているのである。

構造小説の代表的な作品である『レヒオンに帰れ』は、社会派小説のように現在の社会と人との関係ではなく、内戦という過去を内包する社会と人の関係を実験的手法で描く。内戦終結時から『レヒオンに帰れ』が出版された一九六七年までの約三〇年間、フランコ政権下の社会は国内外の情勢により変容し、個人はその社会に自分を合わせて生きてきた。政権の終焉も視野に入った一九六〇年代後半、ベネーは『レヒオンに帰れ』を通して、内戦の勝利から生まれたフランコ政権下の社会と個人との関係、そして個人が自分のアイデンティティを熟考することを促している。

『レヒオンに帰れ』の「レヒオン」はスペイン語で「地域」を意味するが、小説では架空の地名を指す。辺境な山あいの村レヒオンは一九二五年頃から地域として徐々に衰退し、内戦中、共和国軍の支配地域となった。レヒオンは反乱軍の猛攻に耐えた後に制圧され、共和国軍の地元兵士らは山中に逃げこんだ。小説の主人公はこのレヒオンの歴史と、内戦を生き抜いた男女二人——現在の住民である医師ダニエル・セバスティアンと、長らくレヒオンを離れていたマレ――である。レヒオン生まれの医師は内戦では共和国軍に従軍していたが、一九六〇年代のいまは内戦中に母に捨てられた精神疾患の患者と診療所に住んでいる。同じくレヒオン育ちのマレは、反乱軍の指揮官ガマーリョ将軍の娘という理由で共和国軍の人質となり、レヒオンが反乱軍の手に落ちるまでの間、共和国軍と行動をともにしていた。彼女は内戦後レヒオンを離れ、結婚もしたが、共和国軍兵士ルイスとの恋が忘れられず、山に敗走して消息不明となった彼の情報を求めてレヒオンに戻り医師を訪ねたのだった。一見接点のない二人だが、話が進むにつれ、ルイスの母マリア・ティモネールを介して二人はつながっていることがわかる。若い頃の医師はマリアに恋慕していた。そのマリアはかつてマレの父ガマーリョの婚約者だったが、ガマーリョが賭け事で負けた折に相手の賭け事師のものとなった。そのガマーリョはレヒオンで受けた恥辱を忘れず、レヒオンでの内戦では人質となった娘を見捨ててまで共和国軍を激しく攻撃したものの、自軍の勝利を見る前に戦死した。一方、賭け事師に捨てられた身重のマリアは医師に保護されて男の子を産んだ。この子どもは医師によりルイスと名付けられ、内戦中マレの恋人となった。レヒオン、内戦とマリアの三者を介してつながっているマレと医師は、出会った後、それぞれの人生に大きな影響を与えた内戦の日々について語り合う。

四部構成からなるこの小説は、レヒオンの歴史、社会と人々との関係を実験的手法で描いている。三人称の語り、医師とマレとの対話、二人の回想と独白で構成され、時系列を無視した形で二人の過去――大部分は内戦中のこと――が語られる。対話で始まっていたはずの過去の経験談は、いつのまにか長い独白に代わり、対話と語り手の回想との境界が曖昧になる。小説では、ひとつの長い段落で視点、時間や空間が変わる。時間は過去から現在、現在から過去へと前後し、舞台もレヒオンの町、森、山と移動するため、読者は、誰のいつ頃のどこでの出来事が語られているのかを考えながら、あるいはすでに読んだ箇所に戻って諸々を確認しながら読み進む必要がある。小説のあちこちに散りばめられた情報の断片をパズルのように組み合わせて初めて、レヒオンの歴史、そして医師とマレの過去の全体像が浮かび上がるのである。

この複雑な構成は主人公二人の気持ちの揺らぎと迷いを示している。希望を見いだせず自堕落な生活を送るダニエルも現在の生活に不満があるマレも、対話や回想を通じて、自分のアイデンティティは内戦中に培われ、充実していたあの激しい時代の自分が本来の自分であると再認識する。内戦後の生活について二人は多くを語らないため、出会うまでに何が起こったのかはわからず、読者の想像に任されている。しかし医師がレヒオンで隠者のような生活を送り、マレが過去の恋の思い出を求めてレヒオンに帰郷したことから、フランコ政権下での人生は幸せではなかったと推察できる。彼らが過去を語り合う中で確認したように、共和国支配地レヒオンで過ごした日々が二人の自己を形成したのであれば、内戦後の独裁政権下での日々は彼らにとって生き難いものだっただろう。このように『レヒオンに帰れ』は、内戦中の充実した日々と内戦後の無気力な日々を送った二人を登場させることで、幸せではない現在の二人をつくりだしたフランコ政権を暗に批判している。小説の最後、医師は患者に、マレは森にいる謎の男ヌマに殺害されるが、内戦から現在までを生きぬいた二人の死はレヒオンの終焉を象徴するとともに、フランコ政権時代の終焉を意味しているようである。

このように小説が描く社会の構造と人々は、内戦から始まったフランコ政権下の社会と人々そのものであり、構造小説は社会派小説のような直接的な表現ではなく、芸術的に昇華された形式で社会批判をしている。同時に政権の終焉が近づく中で、過去と現在、内戦から続いたフランコ政権下の社会と人々の来し方を総括しているといえよう。

おわりに

フランコ政権時代の小説は、個人の記録（一九四〇年代）、社会的文書（一九五〇年代）、そして社会的芸術作品（一九六〇〜七〇年代）とその役割と特徴を変えながら発展していった。作家を小説の創作へと向かわせたのは、時代ごとに目にした独裁政権下の社会や人々がかかえる問題や苦悩である。メディアの代わりとまではいかないものの、小説は独自の切り口で社会の危機を証言してきた。フランコ政権下の小説に課された重要な役割は、ゴイティソーロの言うように「隠されていた社会の現実の姿」を描くことであり、その結果、各時代の小説は証言的価値を持つに至った。そしてフランコ政権下の作家が培ったものは、検閲制度が廃止された民主化後もポスト・フランコ世代の作家に引き継がれていった。民主化後のスペインは独裁政権時代とは異なる新たな社会問題に直面する。ポスト・フランコ世代の作家は、先達たちが挑戦したように、民主化された時代にふさわしい新たなリアリズムの形式を追求しながら社会の実情を描き、時代の証人となっていった。内戦によって流れが止まったかに見えたスペイン文学は、フランコ政権の現実と真摯に向き合った作家たちが着実にその流れを次世代へと承継していったのである。

（1）本章では、フランコ政権下の各時代の小説の呼称について、小説と社会の関係を分析したソベハノ（Sobejano）によるものを採用したが、社会派小説を社会派写実主義、構造小説を弁証法的写実主義小説、批判的写実主義小説、実験小説とする研究書もある。

（2）スペインでは実存主義は哲学的な意味ではなく実存的態度として取り扱われ、文学においては実存主義の代わりにトレメンディスモ（凄絶主義）という語が使われることが多い（Palley, 1961）。

＊欧文からの訳は拙訳である。本章はＪＳＰＳ科研費JP20K00477の助成を受けた。

【出典・参考文献】

岡本淳子『現代スペインの劇作家アントニオ・ブエロ・バリェホ——独裁政権下の劇作と抵抗』大阪大学出版会、二〇一四年。

ビュトール、ミシェル（石橋正孝監訳）『レペルトワールI』幻戯書房、二〇二一年。

ABELLÁN, Manuel, *Censura y creación literaria en España* (1939-1976), Barcelona, Ediciones Península, 1980.

BENET, Juan, *Volverás a Región*, Barcelona, Debolsillo, 2009.

CELA, Camilo José, "La comba de la novela", *Obra completa,* vol.7, Barcelona, Ediciones Destino, 1969.

—— *Memorias, entendimientos y voluntades*, Barcelona, Plaza & Janés, 1993.

—— *La familia de Pascual Duarte*, Barcelona, Ediciones Destino, 2008（有本紀明訳『パスクアル・ドゥアルテの家族』講談社、一九八九年）.

COMPITELLO, Malcolm Alan, *Ordering the Evidence: Volverás a Región and Civil War Fiction*, Barcelona, Puvill Libros, 1983.

DELIBES, Miguel, *España 1936-1950: Muerte y resurrección de la novela*, Barcelona, Ediciones Destino, 2004.

—— "La censura de prensa en los años cuarenta", *Obras completas*, vol.6, Barcelona, Ediciones Destino, 2017.

FERNÁNDEZ, Luis Miguel, *El neorrealismo en la narración española de los años cincuenta*, Santiago de Compostela, Universidade de Santiago de Compostela, 1992.

FERNÁNDEZ SANTOS, Jesús, *Los bravos*, Madrid, Castalia, 2008.

GOYTISOLO, Juan, "Destrucción de la España sagrada", *Mundo nuevo*, 12, 1967, pp.44-60.

LARRAZ, Fernando, *Letricidio espan˜ol: censura y novela durante el franquismo*, Gijón, Ediciones Trea, 2014.

MARTÍNEZ CACHERO, José M., *La novela española entre 1936 y el fin de siglo*, Madrid, Editorial Castalia, 1997.

MORÁN, Fernando, *Explicación de una limitación: la novela realista de los años cincuenta en España*, Madrid, Taurus Ediciones, 1971.

NARVIÓN, Pilar, "Dos entrevistas (Rafael G. Serrano y Carmen Martín Gaite)", *Ateneo* 72, 1954, p.29.

PALLEY, Julian, "Existentialist Trends in the Modern Spanish Novel", *Hispania*, 44.1, 1961, pp.21-26.

POPE, Randolph, *Novela de emergencia: España, 1939-1954*, Madrid, Sociedad General Española de Librería, 1984.

SÁNCHEZ FERLOSIO, Rafael, *El Jarama*, Barcelona, Debolsillo, 2015.

SANTANA, Mario, *Foreigners in the Homeland: The Spanish American New Novel in Spain 1962-1974*, Lewisburg, Bucknell University Press, 2000.

SOBEJANO, Gonzalo, *Novela española de nuestro tiempo 1940-1974*, Madrid, Mare Nostrum, 2005.

VILLANUEVA, Darío, *El Jarama de Sánchez Ferlosio: su estructura y significado*, Santiago de Compostela, Universidad de Santiago de Compostela, 1973.

第六章　スペイン民主化とは何だったのか
――価値観・社会運動・政治制度

加藤伸吾

はじめに

通常「スペイン民主化」とは、フランシスコ・フランコによるスペイン内戦後の独裁体制（一九三九～七五）から、現行民主主義体制への、国家・地方自治の体制移行を指す場合が多い。

これまでのスペイン民主化研究を振り返ると（加藤、二〇二二）、民主化当時およびその直後の時代、九〇年代までのほとんどの先行研究において、民主化とはその体制移行を指す。また、この時期の研究の主要な担い手は、アメリカなど外国の、あるいはスペイン人でもアメリカで研究者としての訓練を受けた政治学研究者が大半であった。そこで得られた重要な結論としては、フランコの後継者である国王フアン・カルロスとその任命を受けたアドルフォ・スアレス首相、特に後者による政治指導お

よびエリート間協調が民主化の主な成功要因とされた。（1）
九〇年代以降になると、地理的にはスペイン本国出身、分野としては現代史研究者からの関心が急増し、現在まで主流を形成している。この流れの特徴は、第一に、それまでの政治学的研究で得られた結論を踏まえつつ、その検証も視野に入れ、さらに当事者の証言を含む新たな史資料も用いた、詳細な記述が行われたことである。その結果、政治学がスペイン民主化研究の中心であった時代に成立した、他国の模範にもなる民主化の「成功モデル」としてのスペイン民主化像は後退した。そのような記述の中でも特に、無血で達成されたとされるスペイン民主化も、フランコ存命中やその死後にも治安当局の弾圧による犠牲者は出ており、決して無血とはいえなかったとの指摘は重要である（Baby, 2021）。

第二に、政治エリートのみならず、当時のスペインの市民社会にも関心が向けられたことがあげられる（Radcliff, 2011）。具体的には、フランコ体制後半期における労働争議、体制の法体系の枠内で行われた市民による結社活動に加え、役所なども含めた市や街区レベルでの「自治」的活動、それらの主体による合法的な抗議活動、加えて、取り扱うテーマの点では、従来の労働争議とは一線を画するジェンダー、セクシュアリティ、教育などの「新しい社会運動」なども記述の対象となった。

第三に、第一の点であるスペイン民主化の学術的な再検討、および第二の点である社会の側の動き、さらに第二章の末尾でも述べた政治的暴力の歴史というテーマとも関連するが、二〇〇〇年代に入ると、体制移行期のエリート間協調が、学術界での批判的再検討にとどまらない、いわゆる「歴史的記憶論争」の対象となったことである。現代史研究者、ジャーナリスト、そしてスペイン内戦と独裁期の抑圧の犠牲者家族と知人などから組織された社会運動、さらには国際人権NGOや国連人権委員会までが関与する形で論争的状況が展開し、体制移行期のエリート間協調が非難されるにまで至ったのである。より具体的には、一九七七年の「特赦法」が特に非難の対象となった。つまり、同法は体制移行期におけるスペイン国民の「和解」と「合意」の成果の一つとされていたが、この論争以降は、同法により反体制側の政治犯が釈放され、その対象者はその後エリート間協調の主体となる一方、フランコ体制の抑圧の刑事訴追を不可能にもした「両成敗」的なものであり、内戦とフランコ独裁期の抑圧の犠牲についての責任の追及を妨げるものとして、非難の対象とされたのである。

スペイン民主化への視野はこのように、国家と地域での政治体制移行としての民主化から、それに先立つ社会の側のさまざまな意味での「民主化」へと広がった。それと並行して、国家・地域の民主主義体制への移行の成功に対する称賛から離れ、その体制移行期に置き去りにされた、内戦や独裁の犠牲者とその家族といった人々も含めた、社会へのより包括的なまなざしが得られた。そのことで、民主化の批判的検討の裾野も広がり、その中で民主化期の「成果」に対する肯定的評価が、場合により非難へと逆転する事態も生じたのである。

このような、国家の体制移行のみではない、社会も含めた民主化という流れを、よりよく理解するための視座が存在する。それが、「人間解放の理論」（Welzel, 2013）であり、その基本となった世界規模の世論調査プロジェクト「世界価値観調査（ＷＶＳ）」（World Values Survey, 1981）と並んで頻繁に参照されているものである。この理論をおおまかに要約するなら以下の通りとなる。国家を単位とし、その国の経済成長と社会変動によって社会の価値観が変容し、またそれが社会運動の基盤を提供し、社会運動が民主主義体制への移行という政治変動を起こす、というものである。この理論は調査可能なあらゆる国家を対象としており、一つの理論で多くを説明する指向性を持つが、他方その一般的理論を「補助線」として各国の個別事例、この場合はスペインの民主化に適用した研究は存在しない。「人間解放の理論」の順番に沿っていうなら、体制移行期のスペインの「民主的価値観」を扱った研究は存在する（Hernández, 2010）が、「民主的」の定義に関する議論は特になされず、民主主義体制への指向性を示すデータを各種世論調査からランダムにピックアップし列挙する程度であった。次の段階の社会運動、その次の政治体制移行については先述の通りだが、このようなマクロな視点のモデルに基づいて記述されているわけではない。

このような問題意識のもと、以下本章では、「人間解放の理論」の視座から見た、民主化期のスペイン社会における価値観と、その価値観に支えられた当時の社会運動のありようについて記す。次に、エリートの政治指導と協調による政治体制移行を見る。この政治指導による急速な総選挙の実現によって、「民主化」の「主役」としての地位が社会運動から総選挙で選ばれた政治家たちへ移ることになった。以上の検証を通して、この一連のプロセスが「人間解放の理論」が描く社会と国家の双方を視野に入れた民主化の展開図から、大きく逸脱していないことが示されるであろう。最後に、民主化期のスペインに誕生し現代において急速に展開する「新しい社会運動」という事例は、「人間解放の理論」の限界を示してもいることに言及したい。

一　「社会の民主化」への視座

1．「人間解放の理論」における価値観

「人間解放の理論」を提唱したヴェルツェルは、価値観調査を行うにあたり、具体的にどのような項目が重要だと考えているのだろうか。

前述のＷＶＳでは、縦に「伝統―世俗」、横に「生存―自己表出」の二つの軸が取られる。世論調査対象となる国が伝統的な価値観から世俗的な価値観へ移行すれば、縦軸は上方に移動する。他方、対象国で生存の危機にはない者が増えてさまざまな自己表出が可能となっていることが世論調査で示されれば、横軸を左から右へ移動することになる。図の右上に行けば行くほど、「人間解放」的な価値観を持つに至った社会（単位は国）ということになる（図1）。

それぞれの軸をさらに詳しく見ると、「世俗的価値観」は①「反抗」、②「不可知論」、③「相対主

義」、④「懐疑主義」の四つの基準で測られる。各基準はさらに三つずつの項目に細分化される。①は「親の面目の優先順位が低い」「国民の誇りが低い」「権威尊重の否定」で、国や親という既存の権威になびかない態度といえる。②は「宗教の非重要性」「宗教的慣行の不在」「宗教的人物ではないこと」で、非宗教性とほぼ同義である。③は「賄賂への無関心」「不正行為への無関心」「課税逃れへの無関心」など、いずれも道徳・倫理的価値が絶対的でなく、相対的であることの基準とされる項目である。④は「警察不信」「司法不信」「軍隊不信」からなる。

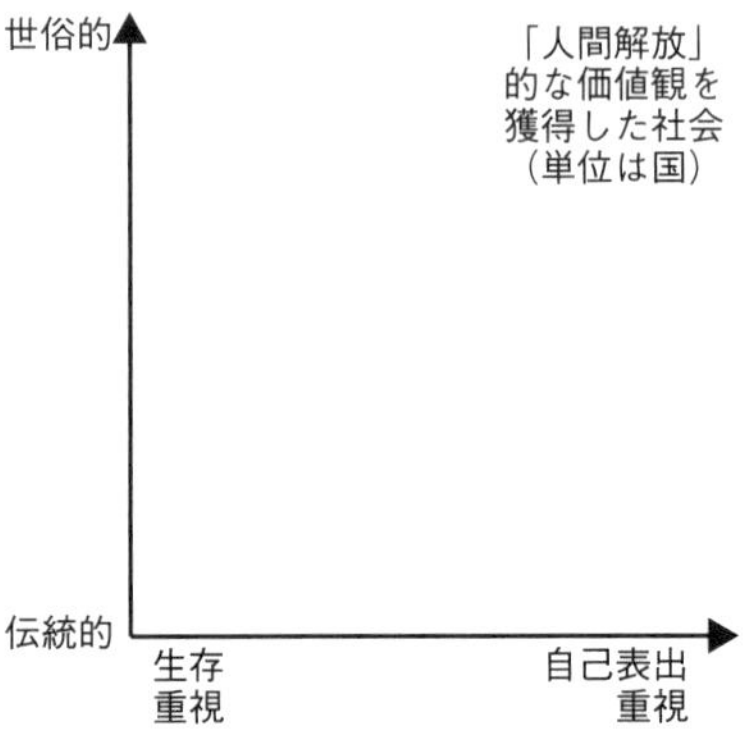

図1　ヴェルツェル「人間解放の理論」による価値観

他方、「解放的価値観」は①「選択」(「中絶の容認」「離婚の容認」「同性愛の容認」)、②「平等」(「政治」「教育」「職業」において女性が男性と同権であるべきとする)、③「発言」(「地方自治に関する発言」「国政に関する発言」「表現の自由」)、④「子どもの自律」(「独立」が望ましい性質とされる、「服従」が望ましい性質ではない、「想像力」が望ましい性質とされる)の各項目および細目からなる。これらの項目でハイスコアを示した国の社会が、「人間解放」を遂げたということになる。本章では、以上に示した項目を、先にスペインでは定義が不十分だったと指摘した「民主的価値観」に代替できるものとし

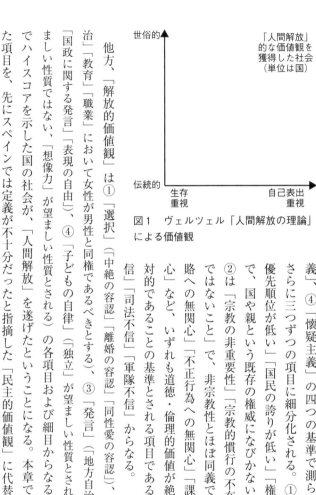

て扱う。

次に、価値観の変容から社会運動、体制移行への要求へと至る段階についてだが、このように価値観が変容して「人間解放」が確実になればなるほど、各価値観の項目が示す権利や自由の制度的保障が求められるようになる、とヴェルツェルは論じる。その制度的保障とはつまり民主主義体制であり、それを求める社会運動が生じるようになる。ただし運動が発生するには前提条件として、「脱産業化」「高等教育」「マスメディアの発達」の三つが必要となる。これが揃い社会運動が発展すると、その要求に応える、あるいはそれを正統性の拠りどころとして利用するような形で、政官界のエリートが実際の民主主義的な制度を国家などにおいて構築しはじめる、というのである。

二 「社会の民主化」の展開——解放的価値観と社会運動

次に、以上の「人間解放の理論」が示す順番に依拠しながら、それがフランコ末期および民主化期スペインにおいてどのように展開したかを見ていこう。

1. スペインにおける解放的価値観

まず、フランコ体制下の「価値観」を見ていく上で一点重要な留保がある。データの入手可能性である。フランコ体制は厳しい検閲を実施する独裁体制であり、体制に都合の悪い世論調査結果はそもそも世に出ることを許されなかった（De Miguel, 2003）。他方、フランコ体制末期は、合法的に体制内に存在を許されていた各種機関あるいはマスメディアが、体制との微妙な関係性の中で、世論調査の方法をアメリカはじめ他国に学びつつ、大規模な世論調査プロジェクトを進めた時期でもある。最初期ではスペイン司教会議が設立したカリタス・スペインによる大規模調査の報告書（Cáritas, 1965）、ついで社会研究・応用社会学振興（FOESSA）財団（Fundación FOESSA, 1966, 1970, 1975）および現在スペイン首相府の世論調査機関となっている社会調査センターの前身である世論研究所紀要（IOP 1965-1977）がそれにあたる。

イングルハートらによるＷＶＳの調査は一九八一年が最初であり、この時期スペインはすでに民主主義体制成立後にあたる。そのため筆者は、フランコ末期および民主化期のスペインにおける「世俗的価値観」と「解放的価値観」については、これらの世論調査結果を参照し、またヴェルツェルのいう民主主義体制を要求する社会運動が必要とする行動資源、つまり脱産業化や高等教育とマスメディアの普及などの状況については、二次文献を用いた調査を実施した（Kato, 2019）。その結果、「世俗的価値観」については、十分な体系的データは得られなかったが、民主主義体制の確立を求める社会運動が発生する条件とされるマスメディアの発達といった「行動資源」、および「解放的価値観」については、一部読み替えを含むが、ある程度まとまったデータが得られた。それを示したのが表１であ

表１　フランコ体制末期およびスペイン民主化期の「解放的価値観」

	Welzel, 2013 の諸項目	Kato, 2019 の読み替え	出典：R[年号]：IOP 1965－1977／F[年号]：Fundación FOESSA, 1966, 1970, 1975
社会運動の行動資源	脱産業化	（そのまま）	△：第３次産業増も第２次に及ばず（Tezanos, 1989）
	高等教育の普及	（そのまま）	○：大学生の数３倍（F1975:1960:62105 → 1972:187756）
	ネットの普及	テレビ・新聞	○：1968－9 年頃テレビ急増（R1967:33% → 1969:68%）新聞減（R1966 → 1973）
1.子どもの自律	a. 独立	（そのまま）	×：「子どもの交友関係管理すべき」「実家から独立すべからず」7 割弱（F1975）
	b. 想像力	（そのまま）	△：信者減（F1970:98% → F1975:84%）不寛容減（R1966:62% → R1977:32%）
	c. 従順さ	データなし	－：（a の逆？）
2.ジェンダー間平等	a. 雇用機会	女性進出の受容度として一括	△ or ○：出典で異なる（F1975「家事は女性」77% ⇔ R1976 経済的機会均等賛成 78%）
	b. 教育機会		△ or ○：出典で異なる（F1975「女性には家政」62% ⇔ R1976 教育機会均等賛成 91%）
	c. 政治指導		△ or ○：経済的機会均等賛成 78%（R1976）
3.家族形態選択の自由	a. 同性愛	データなし	－：「社会問題」としての同性愛（R1976）
	b. 中絶	データ限定	－：対象が主婦限定では若干反対が上回る？（F1970）
	c. 離婚	（そのまま）	○：71.6% 賛成（F1975）
4.表現の自由	a. 政府の意思決定参画	（そのまま）	○：55.4%「各人が政治に興味を持ちその責任を持つ方がよい」（R1976）
	b. 職場の意思決定参画	（そのまま）	○：66%（F1970）、76%（R1971）
	c. 表現の自由保護	（そのまま）	△ or ○？：検閲反対 52%、「国家による道徳管理反対」62%（R1976）

る[2]。この図では仮にそれぞれの価値観項目を「○」「△」「×」としているが、これは読者の理解を容易にするため、筆者が付したものである。具体的には、おおむね六〇~七〇パーセントのスコアがあれば「○」とし、二〇~三〇に届かなければ「×」、その中間を「△」とした。

表1から読み取れるのは、民主化を求める社会運動の「行動資源」が七〇年代のスペインにおいて揃っていたこと、および、「解放的価値観」の四項目のうち、ジェンダー間平等の諸項目、および表現の自由の諸項目は出揃っていた、ということである。

後に見るように、これらの価値観のレベルですでに一定程度の合意を見ていた項目は、その後制度化が実現するまでの期間が比較的短く、同様に社会運動が活発な時期も短い。他方、調査対象とすらなっておらずデータがないもの（子どもの自律の諸項目、同性愛、中絶）は、その後の長期的な社会運動、あるいは国際環境の変化などを経てようやくその制度化が実現することとなる。

2. フランコ末期・スペイン民主化期の社会運動

ここでは、「社会においてある程度の割合で存在する民主的（≒世俗的・解放的）価値観に対する国家による制度的保障としての民主化を求める社会運動」というヴェルツェルのモデルにしたがって、フランコ独裁体制末期からスペイン民主化期にかけての社会運動を概観する。

（1）フランコ死去から一九七七年総選挙までの反体制運動

先に「新しい社会運動」概念について触れたが、それの対となる「古い社会運動」とは、労働組合によって推進される労働運動のことである。第二章でも触れたように、スペインの労働運動は一九世紀においては無政府組合主義《アナルコ・サンディカリズム》系労組の全国労働連合（CNT）、社会主義の労組である労働者総同盟（UGT）と労働者政党のスペイン社会主義労働者党（PSOE）、およびスペイン共産党（PCE）がその担い手であった。第二共和政期にはUGTとPSOEが国家の中枢の一端を担ったが、その後一九三四年革命的ゼネストの失敗、右派将校による反乱に始まるスペイン内戦によって共和国が打倒され、反共産主義を掲げるフランコ独裁体制が確立すると、CNT、UGTとPSOE、PCEがいずれも共和国亡命政権内のみの存在となり、国内に残った旧共和国側の労働運動家などは弾圧の対象となった。また、フランコ体制の中心の一つとして、ファシズムの御用政党ファランヘ党、御用労働組合の垂直組合、およびその他の国家・社会間に介在する中間団体が一体化された「国民運動《モビミエント・ナシオナル》」が据えられた。労働者の利害は垂直組合を通じて吸い上げられることとされたが、PCE党員らを中心として一九六二年に設立された組合である労働者委員会（CCOO）は、この垂直組合への浸透という方略を採用して、内部からフランコ体制に打撃を与えようとした。

またこの時期の労働運動の特質は、その主張である労働環境の改善が、政治的民主化や企業組織の意思決定に労働者が参加するという、企業内民主化として語られていたことであった。そしてその労働運動、特にストライキは、一九七五年一一月二〇日のフランコ死後、一九七六年年頭から激増している。街頭抗議活動も同じような傾向を示している。(3)

また国内において、第二章でも述べたような中間層の成長は、高等教育を受ける余裕のある家庭の増加を意味し、大学生は次第に増えた。それに伴い、大学の学生運動が高揚する時期が、フランコ体制中期より何度かあった。この学生運動の指導者たちは、フランコ体制末期から民主化期における運動で活躍し、民主化後そのまま政治家になる者も数多くいた。そのことからもわかるように、フランコ存命中の反体制学生運動は、一定程度の自律性を保ちつつも、国外あるいは密入国して潜伏する非合法の既存労組・政党によって組織化されていたものが多かった。

体制外部では、先に述べた労働組合・労働者政党のほか、スペイン共和国亡命政府(一九三九年から四六年はメキシコシティ、同年から一九七七年総選挙の結果判明まではパリ)、またそれを構成する左右の共和主義政党、地域ナショナリスト政党などがあった。一九六二年、ミュンヘンで欧州統合運動の包括組織である国際欧州運動の第四回総会が行われた際、ＰＣＥを除くスペインすべてのフランコ体制外部の政治組織が集結した。

問題は、これらバラバラで、統一された民主化へのロードマップを持たない反体制の諸勢力を民主化運動として一本化し、体制側に圧力をかけることができるのか、ということであった。フランコの死と前後して(それまで待たねばならなかった、ということでもある)、これらの勢力は、短い間だが大きな紆余曲折を経て、ＰＳＯＥを中心とする民主集中プラットフォーム、およびＰＣＥを中心とするスペイン民主主義委員会という二つの包括組織に再編され、さらにその二つが一九七六年三月、民主主義連携、通称プラットフォーム委員会として合同することになる。

（２）「新しい社会運動」

プラットフォーム委員会への流れとは別に、既存の大政党・大労組とは必ずしも直接的な関係を持たないこともある、いわば「草の根」の自発的運動の流れが存在する（Radcliff, 2011, Groves *et al.*, 2017）。具体的には、近隣などを単位とする結社、女性解放運動、同性愛者の権利擁護運動、初・中等教育の改革運動の四つである。このうち最初の結社を除く三つはいずれも、それまでの伝統的な労働運動とは異なりテーマ別である、という意味で「新しい社会運動」として分類できる。また重要なこととして、これらの結社活動、および三つの「新しい社会運動」は、先に見たヴェルツェルが提唱した「解放的価値観」のカテゴリにそれぞれ対応しているのである。つまり、先の**表1**において「4．表現の自由」が制度的保障として、国家や地方自治の民主主義体制への移行をめざしているとすれば、結社も同じ指向性を持っている。また、結社以外の「新しい社会運動」の三つは、「2．ジェンダー間平等」「3．家族形態選択の自由」「1．子どもの自律」にそれぞれ対応している。以下、それら四つを詳しく見てみよう。

まず一つ目の結社は、「4．表現の自由」の労働運動以外の表現形態ともいえる。フランコ体制の制度的主軸の一つである国民運動は、国民動員のための装置であり、また散発的に実施される選挙や国民投票[4]などと並び、非合法の反乱を起源とするフランコ体制の正統性の欠如を補うためのものだった。この国民運動の末端の組織に結社があった。これは、一九六四年の結社法を根拠法とする組織であり、第二章でも述べた経済成長と中間層の発達という社会変動に対する、フランコ体制側の応答ともいうべき法律であった。フランコ体制末期から民主化期にかけてより注目されるのは、近隣結社であった。近隣結社は、生活上の必要から生じた要望を行政や国民運動当局に届ける際の合法的な窓口となったが、この近隣結社が、住民の集会や議論の単位となり、それが民主主義的な習慣を住民が身につける場ともなり、またその生活改善要求の延長として、政治の民主化という主張も出現した。そして、「生活改善のための政治の民主化要求」という論理を持つ言説がなし崩し的に社会に現れ、直接の弾圧の対象とは必ずしもならず存在を許され、既成事実化した。

また、恐らくは体制側が予期しなかった副次的効果として、この近隣結社は女性の社会進出にも貢献することとなった。つまり、「男は仕事、女は家庭」という性別間分業がカトリック的価値観から好ましくまた当たり前ともされていたフランコ期のスペイン社会において、生活に根ざす問題を扱う近隣結社で主役となるのは、家を守る女性というケースが多かった。むろん体制側にはファランヘ党女性部があり、性別を単位とする統制が行われてもいた（Barrera, 2019）が、近隣運動は女性の進出の足掛かりともなったのである。

二つ目に、この近隣結社による女性進出とも重なるが、フェミニズムの社会運動が再組織化され始めたのも、フランコ体制末期から民主化期にかけてであった（齊藤、二〇一七）。第二共和政はすでに女性参政権を実現しており、当時から女性の権利拡張のための運動と組織は存在していたが、内戦を経てフランコ体制ではファランへ党女性部のみが合法とされるに至る。しかし、そのファランへ党女性部からの女性解放・地位向上の要求は、フランコ体制の合法性の枠内においてもすでに五〇年代から見られていた。また、六〇年代から七〇年代にかけ、女性団体の数が爆発的に増加する。齊藤（二〇一七）によれば、それらは以下の三つに分類できるという。第一には、フランコ体制下では非合法ながら、内戦前からの伝統的存在であるＰＣＥなどの既存政党と極めて近い、「社会主義フェミニズム」の諸団体があり、ＰＣＥ党員の配偶者などを核とする民主主義女性運動（ＭＤＭ）と、その流れを汲む女性解放戦線（ＦＬＭ）が中心となっていた。第二に、六〇年代の第二波フェミニズムがスペインにも浸透した結果誕生した、ラディカル・フェミニズムの流れがある。この一団の指導的な運動家たちは、既存政党とは距離を保ち運動に専念するというスタンスを取ったことが特徴的である。これは、女性解放は政治的な制度化のみにより達成されるのではなく、家父長制の打破によってこそなされるとの姿勢からくるものであった。第三には、この二つの流れには収まらない職能別、地域別の女性解放運動組織がそれぞれの場所で活動していたことであった。このように、多数の女性解放運動組織が、離合集散を繰り返しつつも、それぞれの場所で、それぞれの目標（政治的制度化か家父長制の打倒か）を持って活動していた。この流れが主張する権利の制度的保障は、先の解放的価値観で見た世論調査結果において、より支持が高い項目から相対的に低いものへと段階的に実現されることになる。

三つ目に、性的少数派の社会運動が組織化されたのも、このフランコ体制末期から民主化期にかけてである。いくつかの結社が民主的諸権利の制度的保障を、またフェミニズム系組織が女性の身体のコントロールに関する諸権利の一部の制度的保障を、後に見る国家の民主化のプロセスにおいて獲得していくことになるが、この性的少数派の置かれた立場は、より苦しいものであった。一九七〇年には性的平等のための同性愛嗜好者の会が、翌年には同性愛者解放運動が結成され、同性愛者という性的少数者のカテゴリの運動組織の大きな一歩が記されることになるが、その翌年には国家側が悪名高い「危険分子と社会復帰に関する法律（ＬＰＲＳ）」を制定した。つまり、当時のスペインの体制、また社会の大勢にとって同性愛者は「危険分子」であり、社会から一度切り離して治療を施した上で「社会復帰」しなくてはならないような存在であり、カトリックの教義に照らして「非倫理的」な同性愛者は、逮捕拘禁の対象ともなっていた。この状態が改善へ歩み出すのは、一九七八年憲法制定後である。

四つ目は、子どもの権利に関する運動である。子どもの権利の拡張に関する社会運動の担い手は、もちろん子どもも本人たちではなく結社の大人たちであった。具体的には、第一に、家庭に関わるフランコ体制内の結社の、家長協会があった。こちらは一九六〇年代に限定的政治参加の許容が体制側から模索された際に、政治参加の合法的回路とする可能性が検討されたが、それより先に前述の労組や政党の動きが大きくなり存在感が低下した。第二に、むしろ促進主体となったのは、学校教員たちの結社であった。特徴的だったのは、教員の待遇や学校の環境改善を、よりよい教育を子どもたちに受けさせるために必要として、フランコ体制の合法性、つまり結社の枠内で行い、しかし、フランコ死後は労組や内戦以前に遡る伝統政党などの反体制諸勢力、そして最終的にはそれらが収斂するプラットフォーム委員会の提示する「労働環境改善のための民主化」との路線に沿う形で、展開したことであった（Groves *et al.*, 2017）。

以上、四つに分類して、伝統的な労働運動とは異なる「新しい」社会運動をふりかえったが、これらに共通している特徴は、第一に、それらの社会運動は、社会において一定の位置を占めている価値観の制度的保障を求めるものとして見ることができるということ、したがって、第二に、各運動における「民主化」とは、憲法と普通選挙などからなる民主主義体制の確立のみにとどまるものでは必ずしもなく、運動の要求する権利保障の制度化が実現することこそが「民主化」であるとみなされたのである。

三 「国家の民主化」と社会

ここでは、前節で述べた新旧の社会運動が要求するさまざまな権利の制度的保障が実現したのかどうかに注目しながら、民主主義体制への移行プロセスを見ていこう。

1. フランコ政権下での限定的自由化

先にも触れた一九六四年の結社法は、フランコ体制後半期の限定的自由化の一部とされる。限定的自由化とは、六〇年代の経済成長、および中間層の成長と価値観の変化という社会変動に対する、フランコ体制側の応答であった。一九六四年以降も後継法制が続く結社法のほかにも、一九六六年の「印刷物および出版物法」では部分的に検閲が解除された。

他方で、一九六〇年代には政治の一線からは次第に退き、折々体調不良の様子も見せるフランコの死後を見据えた体制作りも始まっていた。フランコ体制は反立憲主義であったため、憲法を制定しようという体制内の動きはいずれも失敗し、企図した者は体制の主流からは退けられ、反体制派へ接近するなどしてきた。一方で「基本法」と呼ばれる一連の法律が事実上憲法の役割を果たした。そのうち国家体制を規定する国家組織法ができたのは一九六六年である。また、フランコの後継者としてフランコのもとで帝王教育を施されていた、アルフォンソ一三世の孫フアン・カルロスがフランコの死後国王位に就き、同時に国家元首となることが一九六九年に定められた。これら一連の後継体制作りの仕上げが一九七三年、ルイス・カレーロ・ブランコ提督の首相就任であった。フランコ以外初の首相であったが、このカレーロは極左バスク分離独立主義テロ組織の祖国バスクと自由（ETA）によって殺害される。

カレーロ後継の首相は、体制内諸勢力間の調整を期待された、内戦以来の古参政治家カルロス・アリアス・ナバーロであった。アリアスによる一九七四年二月の就任演説は自由化を期待させたが、即座にフランコ体制内の保守強硬派からの反撃にあって路線転換し、ついで体制内改革諸派からの突き上げも受けて身動きが取れなくなった。一九七五年一一月二〇日のフランコ死去を告げる国民向け演説を行ったのはそんな情勢下だったが、その半年後、結局身動きが取れないままのアリアスに業を煮やした新国王フアン・カルロスはアリアスを事実上、解任した。ついで国王周辺からの推薦を受けて首相に任命されたのは、ファランヘ党事務局長やスペイン国営放送社長など体制内の高級官僚ポストも歴任したが政治家としては無名の若手、アドルフォ・スアレスであった。

2．スアレス政権による「国家の民主化」

スアレスにおいて注目すべきなのは、その政治手法である（永田、二〇一六）。なぜなら、スアレスはごく短期間に、かつフランコ体制の内部から議会制民主主義の実質を整えることで、プラットフォ

図２　国家レベルでの民主化を強力に推進したスアレス首相

図３　1978年憲法の表紙。制定直後はフランコ体制の紋章があしらわれていた

ーム委員会から民主化の主役の座を奪うことに成功したからである。以下そのプロセスを簡単に振り返ってみよう。

スアレスは就任演説で、一年後の総選挙実施という大胆な内容を含む、体制基本法の一つとしての政治改革法案を提示した。この頃はプラットフォーム委員会が当初主張していたフランコ体制との「断絶」による民主化か、フランコ体制の「改革」による民主化かが焦点となっていたが、このスアレスの演説で示されたものは、フランコ体制の翼賛議会を通じた政治改革法成立という意味では「改革」ではあったが、その実はプラットフォーム委員会が求めたフランコ体制との「断絶」に近いと思われる内容であった。翼賛議会議員に政治改革後の公的生命の安全を保障するという形で説得に成功したスアレスとその内閣は無事政治改革法を通過させ、国民投票にもかけて圧倒的な支持を得た。フランコ体制とりわけ軍の仇敵であるＰＣＥの合法化がハードルとされたが、軍の最高司令官として君臨し、民主化を担うスアレスの後ろ盾として存在するファン・カルロス国王が軍を抑えることに成功した。最高指揮官の意向に逆らわなかったのは、指揮系統の徹底という意味で軍が近代化していたことを示すといえる。また合法化のタイミングについても、聖週間の連休を利用した抜き打ち合法化という手法で実現し、共産主義勢力をも含む「総選挙」と呼べる実質を整えた国政選挙の実施に成功した（一九七七年六月一五日）。

その後の民主的議会でも、スアレスは一九七七年一〇月の政治犯を対象とする特赦法や政党間政治・経済合意であるモンクロア協定締結などを短期間に実現した。通常体制移行後最初に着手すべきである憲法は、これら法律の制定の次に回された。憲法条文交渉は長期化したものの、一九七八年に当時の基本的人権とされるものはおおむね保障された現行憲法が成立し、加えてスペイン独自の問題である地域ナショナリズムについても、一九七七年カタルーニャ暫定自治政府の認可と翌々年の自治憲章締結などに始まり、その後バスクやガリシアなど地域ナショナリズムの強い地域だけでなく、その他の地域も含めてなし崩し的に全国一七自治州体制が成立した。なお、現行憲法において、「国民あるいは民族《ナシオン》」として公認されるのはスペインのみで、カタルーニャやバスク、ガリシアなどは民族ならぬ民族体《ナシオナリダー》としてしか認定されなかった。

図4　同性婚法制化、閣僚の男女同数化など平等化政策を推進したサバテーロ首相

3.「国家の民主化」で制度的保障が実現した権利

次に、前述の社会運動の中でも特に「新しい」社会運動が要求していた諸権利の制度的保障の実現状況について見てみよう。第一のグループである結社を基点とする社会運動は、普通選挙に基づく民主主義体制の確立とその体制内での労働者のさまざまな権利をはじめとする社会権・自由権の保障を求めており、一九七八年憲法の成立でそれはおおむね達成されたといってよい。

第二の女性解放に関しては、同じく女性を含む普通選挙実施の時点で大きな前進がある。他方で、離婚や中絶といった家族形態選択の自由や自己の身体へのコントロール権については、一九七八年五月、憲法制定を待つまでもなく姦通罪が廃止、同年一〇月には避妊具販売が合法化され一定の成果があったものの、カトリックにおいて禁じられている中絶はまだであった。先に見た世論調査結果でも価値観項目としてより広範に広まっていた離婚がやはり制度保障も早く、スアレスの次のレオポルド・カルボ・ソテーロ政権（中道右派の民主中道連合UCD）において一九八一年に離婚の合法化が実現することとなった。中絶に関してはさらにその次、フェリーペ・ゴンサレスPSOE政権の一九八五年に一応の合法化が実現したが、中絶実施の細かい規定をめぐって、二一世紀まで論争が続いている。

次に、第三の同性愛については、一九七七年、内戦で分断したスペイン国民の「和解」の象徴として当時称揚された特赦法が、議会のほぼ全会一致で可決するが、その特赦対象には、犯罪者として投獄された同性愛者は含まれていなかった。一九七九年、同性愛者の社会運動の成果として、悪名高き「危険分子と社会復帰に関する法律」は廃止されたが、社会における同性愛者差別や嫌悪は現代まで続いている。同性愛者に対するヘイトスピーチの禁止は、一九九五年に法制化が実現している。他方、二一世紀に入ってからは、スペインは同性婚を法制化した決して多くはない国のうちの一つになった（二〇〇五年）が、これもフランコ期からの地道な社会運動による働きかけが政界に届いて得られた成果といえる。なぜ届いたかといえば、二〇〇四年からのホセ・ルイス・ロドリゲス・サパテーロ政権期、与党ＰＳＯＥは党員など従来の支持基盤の外にある社会運動も、政権への支持を集めるためのチャネルとする方針が前面に押し出されるようになったが、そのチャネルの中に同性愛者の社会運動も含まれていたのである。

第四の子どもの権利については、一九七八年憲法で教育を受ける権利と教育する側の自由が謳われ、義務教育の無償化などが規定されたこと、ついで一九八〇年の学校法が児童環境を規制したことをもって、子どもへの教育機会と適正環境の確保に関する法制度が確立されたといえる。ただし、「子どもの権利」という形で、子どもが「権利の主体」として明確化されるのは、国際的には一九五九年の児童の権利に関する宣言であった。スペインは、同宣言の国際条約化である一九九〇年の児童の権利に関する条約の初期締結国となった。

これら諸権利の実現の順番は、民主化前後の時期の世論調査に基づいた「解放的価値観」の浸透状況と、ほぼ一致している。

おわりに――スペインは「人間解放」のフロンティアを広げているのか

以上、「人間解放」の理念的プロセス、つまり、「価値観の変動→価値観の制度的保障要求としての社会運動→制度的保障としての民主主義体制確立」という一連の過程に、スペイン民主化の事例がおおむね沿っていることを示してきた。特に、民主化期におけるスコアが高い、つまり社会の中でその価値観についての合意形成が進んでいればいるほど、その価値観項目についての制度化も早く実現するという傾向がある。

最後に、民主化期から半世紀弱を経た二一世紀の現代世界において、（1）内戦と独裁期抑圧の犠牲者による社会運動、（2）地域ナショナリズム運動、そして（3）社会運動から出発した新政党について触れながら、「人間解放の理論」にとってスペインの事例が意味するものを述べておきたい。

（1）については第二章でも触れたが、本章の議論との関連では、イングルハートとヴェルツェルの「世俗的価値観」のさまざまな項目のうち、特に「世俗化」、またわけても「相対主義」の三番目「不正行為への無関心」との関連が問題となる。なぜなら、内戦および独裁期のフランコ体制による抑圧は、フランコ体制が反乱という国内法の重大な違反を起点としているという事実、そして二回の大戦後に確立し世界に拡散した人権規範から見れば、明白な不正義、「不正行為」だからである。しかし、その「不正行為」の責任を追及する犠牲者団体の社会運動は、民主化当初は行政や市民社会多数派の無関心という壁にぶつかったばかりか、一部では妨害にすら遭っていた（Aguilar, 2018）。その「不正行為」がようやく「不正行為」として認定されるようになったのは、二一世紀に入ってから、つまり先に触れた歴史的記憶論争を経てからのことである。スペイン内戦とフランコ独裁の犠牲者団体による社会運動は、二〇〇七年のいわゆる「歴史的記憶法」、ついでそれに代わる二〇二二年の「民主的記憶法」に結実したのである。[5]「不正行為への無関心」ではなく「不正行為の追及」を指向して成果を挙げてきたこの社会運動は、「無関心」を「世俗化」つまりより民主的であることの指標（あるいは条件）とみなすイングルハートとヴェルツェルの理論とは矛盾する関係にある。この点において、イングルハートやヴェルツェルのロジックの見直しが必要ではないだろうか。

（2）の地域ナショナリズムについては、二一世紀のスペインでは二〇〇六年頃からまずバスク、ついでカタルーニャで、分離独立も視野に入れた自治州による政策が問題となった。自治州政府がその推進主体ではあったが、この二つのうち特にカタルーニャは、フランコ時代にまで歴史を遡る分離独立主義の社会運動が、既存の地域ナショナリズム政党とともに、社会運動組織を維持したまま自治州政権に入ることによって問題が拡大したものである。地域ナショナリズムというアイデンティティの表出は、イングルハートとヴェルツェルによると「解放的価値観」の「自己表出」の一つとして解釈できる。しかし彼らの理論が前提としている基本的単位は国家であり、これから国家形成をめざす集団のそれをきちんと捉えることができていない。これも（1）と同様に、「人間解放の理論」の限界を示しているのではないか。

（3）の社会運動に出自のある政党、特に極右政党については、世界の特に先進国における「非自由主義的民主主義」としてアカデミズムやジャーナリズムで問題になるテーマである。スペインの極右政党ＶＯＸは二〇一三年に誕生したが、それ以前は、二〇〇六年に創設されたスペイン民族防衛財団という、既存の右派政党を弱腰と見る有識者などからなる社会運動団体であった。政党になりたてのころは、反民主主義的言説が剝き出しになっていた。価値観としては、「世俗的価値観」の軸においては「世俗化」とは正反対の方向である伝統回帰、つまりカトリック的価値観の復興を全面的に押し出してもいる。

極右政党が政界に出現する一方で、二〇一一年に大都市部で自然発生した社会運動である「五月一五日《キンセ・エメ》運動」を引き継ぐと自認する政党ポデモス（ＰＯＤＥＭＯＳ）も国と地方双方に進出している。この運動（キンセ・エメ）は民主化を「腐敗した既存エリートを作り出した」として批判する。ポデモスは、「解放的価値観」においてはより「自己表出」に寄った価値観、つまりフェミニズムと性的少数派への支持、地域ナショナリズムへの一定の理解を示しているが、「世俗的価値観」においては、（1）の抑圧の犠牲者団体の利益を政治において代表する機能を担っている。また、民主化後も政界にとどまり続けたフランコ体制出身の政治家たちからなる右派政党国民党（PP）のみならず、PSOEも含めた伝統政党における金権腐敗を追及してもいる。いずれも、「不正行為への無関心」とは正反対の傾向を示すといえる。ポデモスは「不正行為への無関心」とその親カテゴリの「相対主義」の軸の妥当性そのものを問う存在となっているといえよう。

「人間解放の理論」を、特に本書の書名にもある「危機の二〇世紀」を乗り越えた際のスペインを事例として検証した限りにおいては、その説明能力が高く、現状の理解に役立つところが大きいといえる。しかし、「二一世紀の危機」を静かに迎えつつある世界とスペインの現状は、この枠組みの一部に再検討を迫っているのではないだろうか。

（1）ここでは大まかに、政官界、経済界、および社会運動において、それぞれ指導的な立場にあった人々を指すものとする。

（2）読み替えとしては具体的に、Welzel (2013) においてはインターネットが行動資源の一つとして挙げられるが、スペイン民主化期には当然存在しないため、マスコミの発達をそれに該当するものとして扱った。

（3）Sánchez-Cuenca (2014) は、フランコ時代のスペイン有力全国紙『ＡＢＣ』に登場するこれらの運動件数をカウントしたデータベースをもとにこの点を指摘している。

（4）機械的な選挙区割りではなく「性別」、「年齢」などの「有機体的 orgánico」な単位を選挙区とする公平性に欠く選挙であり、非民主主義体制に「有機体的民主主義」という粉飾を施す以上のものではなかった（武藤、二〇一二）。

（5）犠牲者団体や国際人権ＮＧＯ、あるいは国連人権委員会が一定の評価をしつつも批判し続けているのが、やはり一九七七年「特赦法」の存在である。その廃棄を求める国連人権委員会などの複数回にわたる勧告や犠牲者団体の要望は、「民主的記憶法」でも無視される形となった。

【出典・参考文献】

加藤伸吾「スペイン民主化に関する歴史叙述の主体及び歴史学的研究の拠点と視座の多様化― G. Pasamar 著 *La Transición española a la democracia ayer y hoy* (Madrid, Marcial Pons, 2019) を起点として」『スペイン史研究』第三六号、二九―三四頁、二〇二一年。

齊藤明美「スペイン民主化期におけるフェミニズム運動の展開とその変容（１９７５―１９８２）」『駒澤大学総合教育研究部紀要』一一巻、五七―一〇七頁、二〇一七年。

永田智成『フランコ体制からの民主化―スアレスの政治手法』木鐸社、二〇一六年。

武藤祥「『有機体的民主主義』というフィクション―フランコ体制下の選挙の理念と現実」『東海大学紀要　政治経済学部』四四巻、二五―四五頁、二〇一二年。

AGUILAR, Paloma, "Memoria y transición en España. Exhumaciones de fusilados republicanos y homenajes en su honor", *His-*

toria y política. Ideas, procesos y movimientos sociales, Núm. 39, págs. 291-325, 2018.

BABY, Sophie, *El mito de la transición pacífica. Violencia y política en España (1975-1982)*, Madrid, Akal, 2021.

BARRERA, Begoña, *La sección femenina, 1934-1977. Historia de una tutela emocional*, Madrid, Alianza, 2019.

CÁRITAS ESPAÑOLA, *Plan CCB*, Madrid, Euramérica, 1965.

DE MIGUEL, Amando, *El final del franquismo. El testimonio personal*, Madrid, Marcial Pons, 2003.

FUNDACIÓN FOESSA, *Informe sociológico sobre la situación social de España*, Madrid, Fundación FOESSA, 1966.

———— *Informe sociológico sobre la situación social de España*, Madrid, Fundación FOESSA, 1970.

———— *Estudio sociológico sobre la situación social de España*, Madrid, Fundación FOESSA, 1975.

GROVES, Tamar *et al.*, *Social Movements and the Spanish Transition: Building Citizenship in Parishes, Neighbourhoods, Schools and the Countryside*, London, Palgrave Macmillan, 2017.

HERNÁNDEZ SÁNCHEZ, Alfredo, "La opinión pública española en la transición del franquismo a la democracia", *Revista de investigaciones políticas y sociológicas*, Núm. 12, 2010, págs. 39-70.

INGLEHART, Ronald F. and WELZEL, Christian, *Modernization, Cultural Change, and Democracy: the Human Development Sequence*, New York, Cambridge University Press, 2005.

INSTITUTO DE OPINIÓN PÚBLICA (IOP), 1965-1977, *Revista española de la opinión pública (REOP)*, Núms. 0-50.

KATO, Shingo, "«Los valores emancipadores» de los españoles en el tardofranquismo y la transición política. Los sondeos de la época reexaminados", Mónica Fernández Amador (ed.), *Historia de la transición en España. La dimensión internacional y otros estudios*, Madrid, Sílex, 2019.

RADCLIFF, Pamela Beth, *Making Democratic Citizens in Spain: Civil Society and the Popular Origins of the Transition, 1960-78*, London, Palgrave Macmillan, 2011.

SÁNCHEZ-CUENCA, Ignacio, *Atado y mal atado. El suicidio institucional del franquismo y el surgimiento de la democracia*, Madrid, Alianza, 2014.

TEZANOS, José Félix, "Modernización y cambio social en España", José Félix Tezanos *et al.* (coords.), *La transición democráti-*

ca española, Madrid, Sistema, 1989.

WELZEL, Christian, *Freedom Rising: Human Empowerment and the Quest for Emancipation*, New York, Cambridge University Press, 2013.

WORLD VALUES SURVEY. http://worldvaluessurvey.org/, since 1981.（最終閲覧日：二〇二三年五月三一日）

第七章　移民をめぐる「危機」とスペイン社会

深澤晴奈

はじめに

二〇世紀の大部分において移民送り出し国であったスペインは、一九八〇年代半ばに移民受け入れ国に転じ、二一世紀初頭にはヨーロッパ有数の移民流入国へと変貌を遂げた。とくに二〇〇〇年代の一〇年間に急速に流入が進み、この間の年平均流入数は五〇万人にのぼった。スペインにおける外国人の数（住民登録簿における外国人の数）は、一九九九年には七五万人で全人口の約二パーセントであったが、二〇一〇年には五七〇万人に激増し、全人口に占める割合も一二パーセントへと急上昇した（図1）。

このような短期間での大規模な移民流入の「危機」にスペインはどのように対応してきたのだろう

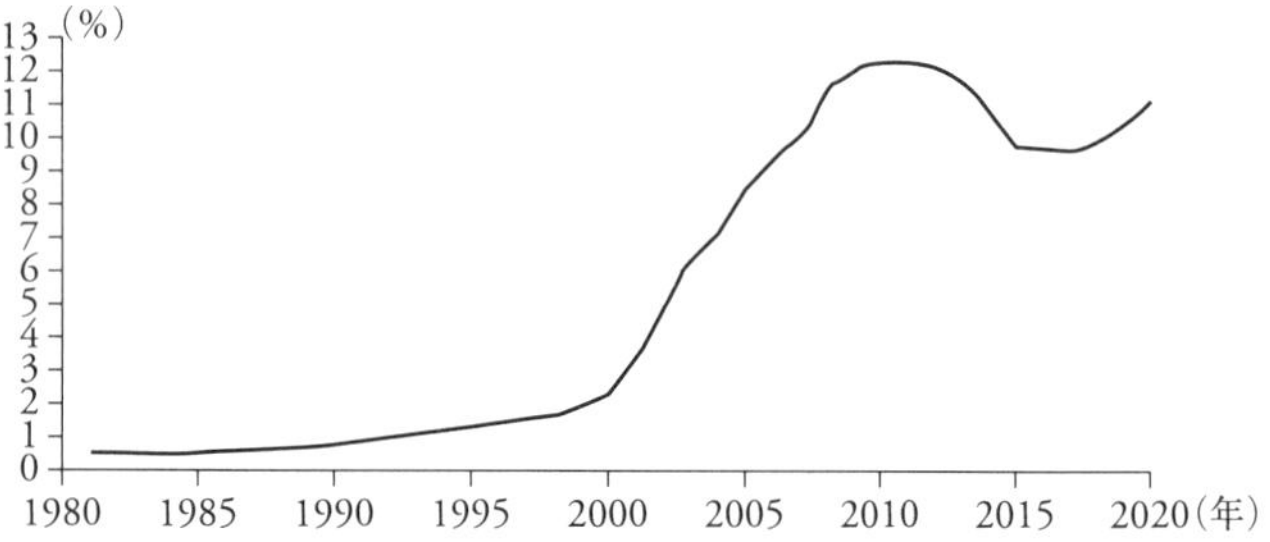

図1　スペインの全人口に対する外国人の割合（1980－2020年）

出典）INE (Instituto Nacional de Estadística),“Padrones Municipales”のデータより筆者作成。

か。そして、スペイン社会はこのような移民激増をどのように受け止めたのだろうか。本章の要点の一つをあらかじめ示しておくと、それは、スペインが、ヨーロッパの移民受け入れ後発国として、近隣の移民受け入れ先進諸国の先例を取り入れながら移民政策を策定していくことができた点であろう。これは「後発性の利益」と呼ばれるものであり、それゆえにスペインの移民政策は、実際には規制的であるのに「寛容」との印象を与えることにもなった。本章では、スペイン人自身が移民であった過去、民主化移行期を経てヨーロッパ諸国の成員となった二〇世紀末、そしてグローバル化のなかで二一世紀を迎えた時代背景を念頭に、この後発性の利益が具体的にどのようなものであったかを考察しながら、二〇〇〇年以降の移民流入とその過程で移民がスペイン社会にどのような変化を与えてきたかについて見ていきたい。

一　移民流入の「危機」のはじまり

1. 移民流入前史——流出するスペイン人移民たち

スペインは、一九世紀末から一九七〇年代にかけては、アメリカ大陸やヨーロッパ諸国への移民流出国であり、一九八〇年代半ばまではどちらかというと移民の送り出し国であった。この間、例えばアメリカ大陸には一八八〇年代から一九八〇年代の約一〇〇年間に五〇〇万人以上のスペイン人が移民した（Alted and Asenjo, 2006）。その多くはアルゼンチンに向かい、一八八〇年から一九三〇年の間には約二〇〇万人のスペイン人がアルゼンチンに移民し、そのうち六〇パーセントほどが帰国せずに残った。一九三九年から八八年には約九〇万人が移民したが、彼らのうち四〇パーセントは北西部のガリシア地方出身者であった（Gil Araujo, 2010）。

また、一九三六年から三九年のスペイン内戦中とその後には、内戦で敗北した共和国派の指導者や知識人の多くが、隣国フランスをはじめとしたヨーロッパ諸国やメキシコなどのラテンアメリカ諸国に亡命した。内戦末期の一九三九年には約四万七〇〇〇人が国境を越えてフランスに逃れたほか、約一万二〇〇〇人が地中海を越えてチュニジア、アルジェリア、モロッコなどに逃れた。そして、フランスへの亡命者のうち約三万五〇〇〇人は、その後アメリカ大陸に移民した（Alted and Asenjo, 2006）。ラテンアメリカには、とくにメキシコへ一九三九年から五〇年にかけて約一万八〇〇〇人が政治亡命し、その家族を含めると約二万五〇〇〇人に達した（Alted and Asenjo, 2006）。第二次世界大戦後には、北西ヨーロッパ諸国の戦後復興期とそれに続く経済成長期に、ドイツ、フランス、スイス、ベルギーなどへスペイン人労働移民が流出した。一九五六年から七五年にかけての二〇年間には、およそ三〇〇万人のスペイン人がヨーロッパ諸国に移民している（Alted and Asenjo, 2006）。ドイツには一九六〇年代から七〇年代にかけて約六〇万人のスペイン人が移民し、一九七五年の時点でフランスには四九万八〇〇〇人、ベルギーには六万七〇〇〇人、一九七〇年代のスイスには約一五万人のスペイン人移民が居住していた（Alted and Asenjo, 2006）。他方で、フランコ時代後期には、工業化による経済成長によってスペイン国内での労働力移動が拡大し、とくに南部アンダルシア州や南東部ムルシア州の農村地域からカタルーニャ地方の大都市バルセロナへ、内陸ラ・マンチャ地方から首都マドリードへ、北部農村地域からバスク地方の工業都市へといった国内移民が活発化した。

二〇世紀の移民送り出しの歴史を経て、スペインにおいて移民の流入数が流出数を上回ったのは、一九七五年の独裁終焉とそれに続く民主化移行期の後、一九八六年にＥＣ（欧州共同体）加盟が実現した頃であった。それはちょうど一九七〇年代の石油危機などをきっかけに移民先の国々で労働機会を失ったスペイン人移民たちが帰国し始めていた時期と重なっていた。数字の上で移民の流出数が流入数を上回る最後の年は一九八八年であった。その後、一九九〇年代半ば以降には、外資流入などによりスペイン経済が安定的な成長を遂げ、この経済ブームに乗って外国人労働者の国内労働市場への流入と定着が進んだ。こうして順調に移民の数は増加に向かってはいたものの、一九九〇年代の全人口に対する外国人の割合は一パーセントほどのままであった。

移民流入が急増したのは、二〇〇〇年に外国人数が一〇〇万人を上回ったのを皮切りに、二〇〇〇年代半ばまでの経済バブル期であった。すでに述べたように、この二〇〇〇年代の一〇年間に毎年平均五〇万人以上が流入するという記録的な伸びを見せ、スペインは短期間のうちに紛れもない移民受け入れ国へと変貌を遂げた。とはいえ、二一世紀になってもなお、スペイン人自身が移民だったという記憶は深く刻み込まれている。そして、その経験は急激な移民受け入れ国への転換という「危機」に際しても大きく影響することとなった。

2. 二〇〇〇年、「移民の年」

二〇〇〇年代のスペインでは、移民の急速な流入に後押しされながら、外国人法改正や非正規移民の正規化措置などの外国人関連法制が相次いで成立した。同時に、移民の社会統合や労働分野での統合については、労働組合、カトリック団体、移民支援ＮＧＯなどといった市民社会が牽引役となって活動し、政策決定プロセスにも広く関わることとなった。

移民がスペイン社会で目につき始めたのは、一九八〇年代半ばの移民流入初期にはモロッコ出身者をはじめとしたアフリカ系、一九九〇年代には東欧やアジア諸国出身者であった。また、出身国は明確でなくともアラブ系、黒人系、アジア系の身体的特徴を持った人々、宗教については非キリスト教徒、とくにムスリムの人々が目立つようになっていった。こうしたことから、一九九九年までには移民は「社会的事実」であると認識されるようになっていた（Cachón, 2009）。これはスペイン社会において「新たな移民」が徐々に認知されていく過程であり、この後二〇〇〇年頃を境に「移民のスペイン」と認識されることとなる。そして二〇〇〇年はスペインにおける「移民の年」と言われている（Cachón, 2009, Zapata-Barrero, 2004）。

その理由としては、まず、二〇〇〇年前後に住民登録をした外国人数が数字上で一〇〇万人を超え、移民がスペイン社会において目に見える形で増加し始めたことが挙げられる。また、この時期に移民に関する事件や問題が続発して社会や政治の文脈で反響を呼び、それらをきっかけにスペイン人が移民に関する事件や問題に接する機会と意識が急速に高まることになった。それ以前にも、スペインへの密入国を試みてジブラルタル海峡をパテラと呼ばれる小船で渡航中に遭難して海上警備隊に救助されたモロッコ人や、滞在許可証不所持のために不法滞在として逮捕された外国人に関するニュースはたびたび報道されていた。だが、一九九九年夏、カタルーニャ州で、外国人嫌悪を掲げたスペイン人若者グループが「モーロ狩り」(1)と称して同じ地区に居住するモロッコ人の住居や店舗を襲撃し、五人のモロッコ人が負傷する「人種差別」事件が発生したことで、移民に関する事件が国内で起こりうることを多くのスペイン人が認識するようになった。さらに、二〇〇〇年二月には、移民労働者が「問題」として社会的に意識されるようになった「エル・エヒード事件」が発生した。

3. エル・エヒード事件

二〇〇〇年二月、アンダルシア州南東部アルメリア県のエル・エヒード市で移民襲撃事件が発生した。アルメリア県は、国内で最も経済的に貧しいと言われているアンダルシア州にある八県のなかで、唯一国内平均を上回る財政指標を保っている。それは温暖な気候を利用した野菜や果物のビニールハウス栽培に特化した農業の発達による。二期作などで一年を通じて収穫をおこない、主にヨーロッパ諸国に大量に輸出する経路をシステム化し、一九九〇年代初頭には農業経営の拡大により大量の労働力が必要となっていた。こうしたことから「ヨーロッパの野菜畑」とも呼ばれるアルメリア県には、一九九二年頃から多数の外国人労働者が農業労働力として集中するようになった。そこに流入したのは主にモロッコからの移民労働者であった。そこでは正規の労働許可証を得た移民も雇用されていたが、その多くは非正規移民労働者であった。それは、農業経営者側からすると、より低賃金かつ労働者不足の際にすぐに供給できるメリットがあり、季節労働を狙って流入する非正規移民側からすると、繁忙期には労働許可証がなくても手っ取り早く日銭が入る手段となっていた。

こうした事情により、エル・エヒードには正規移民とともに非正規の外国人労働者が大量に流入していた。現場では、非正規移民が経営者の裁量によって不安定な条件で雇用されていただけではなく、労働者としての権利を剥奪された状況が生じていた。つまり、住居の確保や公共サービスの権利を何ら保証されていない周縁化された集団が農業地帯に集中していたのである。彼らは郊外にチャボラと呼ばれるバラックを建てて風雨をしのぐことが多かったが、無許可でビニールハウス内に入り込み夜を過ごすこともあった。こうした移民が夜回りの番犬に噛まれる事件が発生したり、バラックが集中する地域に隣接する市民からの苦情が増加していた。散発的にこうした問題が生じていた地域で、二〇〇〇年二月、偽造滞在許可証を所持していたモロッコ出身移民がスペイン人を殺害した事件を契機に、それまでの差別や不信感などのすべてが連鎖し、何百人もの市民が暴徒グループに加勢し、モロッコ人非正規移民の居住地区を襲うという大事件に発展した。

この事件はマスメディアによって「エスニック間衝突」として衝撃的な写真や映像とともに連日報道され、スペイン社会に衝撃を与えた(2)。一連の報道がこれをモロッコ人とスペイン人の対立と捉えたため、事件そのものの重大性とともに「人種」主義の問題を多くの人々の前に繰り返し提示して確認させることとなり、社会により大きなインパクトを与えた。「人種」主義や外国人嫌悪の現象がスペイン社会で起こりうることを多くの人が予測していなかったのである。さらに、ネオナチ集団がモロッコ人移民に対する排斥声明を出して、別の差別主義者集団とともに「モーロ狩り」や「民族浄化」などと叫びながらモロッコ人居住地区への襲撃を繰り返したため、より不安が煽られた（Calvo Buezas, 2000）。他方で、事件の「人種」主義性を懸念したさまざまな社会的・政治的立場の人々が連帯して、テロや暴力や差別反対を掲げ、多元的共存の平和なスペインをめざそうとするデモや集会が国内各地でおこなわれた。全国の大学でも、学生らが暴力的犯罪やテロ行為に反対する声を上げて行動した。

しかしながら、これは移民受け入れ社会の人々の立場がいかに揺らぎやすく、しかも屈折したものになるかということが露呈した事件でもあった。また、インフォーマルな労働市場の実態が表に現れた点でもこの事件がスペイン社会に与えた影響は大きかった。

だが、この事件は単なる外国人嫌悪によるものではなかった（Checa, 2001）。報道ではモロッコ人移民とエル・エヒード住民の対立として図式化されたが、事件の背景には、社会的かつ経済的な要因、つまりインフォーマル経済と労働搾取の問題の深刻さがあった。非正規移民の居住地区を襲った人のなかには農業経営者も少なからず含まれていた。襲われたモロッコ人の大部分が非正規移民労働者として彼らに雇われていたのである。農業経営者は、非正規労働者はフレキシブルに日雇いや月雇いができるが、真面目に働かない、現場に来ないなどの諍いが絶えないとの不満も抱えていた。それは賃金が低いためでもあろう。この点、アルメリア大学教授のチェカ氏は、搾取は構造的な問題であり、実は農業経営者自身が搾取される対象でもあると指摘している(3)。アルメリア県の多くの農業経営者は、元々は零細な土地所有（ミニフンディオ）であり「経営者」ではなかった。米国の大規模な農業団体のようなロビー活動をおこなうことはなく、カリフォルニアのアグリビジネスのような移民導入賛成の強力な利益団体ではないのである。彼らは、労働契約などの存在を理解しえていない「農村の考え方」のままであり続けているだけで、自らが労働者を搾取しているとは思っていない。一方で、農場経営には多大な経費とリスクがかかっている。通常ビニールハウス農業経営の初期費用は六〇万～七〇万ユーロである。しかも風雨や害虫の被害に遭うとすべての収穫を失うリスクを抱えている。その上、種子や害虫予防薬などは主にオランダやイスラエルなどの多国籍企業から購入するようシステム化されており、指定された種以外の作物は農協で買い取りされないなどの規定も存在する。アルメリア県の財政状況は数字の上では良好であるが、農業経営者たちは多大な経費を抱えているのである。例えば、アルメリアで栽培されるトマトの八〇パーセントはヨーロッパ市場向けで、毎日約二〇〇〇台のトラックがアルメリアを出発していく。アルメリアの農業経営者が各地区の農協にトマトを出荷する場合、一キログラムにつき約〇・三ユーロ受け取る。ところが、このトマトがフランクフルト市場で売られる際にはその価格が五~六ユーロに膨らんでいる。ここに、種子や害虫予防薬だけではなく流通段階においても農業経営者が多国籍企業の搾取の対象となっている様子が見て取れる。エル・エヒードにおいては、搾取の連鎖が起こっているのが実態であった。

二　移民政策の「後発性の利益」を得たスペイン

1．移民受け入れ後発国としての政策形成

ここでは、外国人関連法制度の変遷を見ていきたい。まず、EC加盟直前に、「一九八五年外国人法」が制定された。これは加盟諸国からの圧力によって厳格な入国管理政策が規定されたものであっ

た。続く一九九〇年代の移民政策は、厳格な法律は存在するものの実態としては自国への非正規な入国を許してしまうという「容認された非正規状態」を特徴としていた（López Sala, 2013）。不法入国であったとしてもいったん入国してしまえば国内における取り締まりがゆるく、その上インフォーマル経済が拡大した労働市場へのアクセスが容易だったため、そのまま国内に定着することが可能だったのである。そしてそのギャップは非正規移民の正規化特別措置を繰り返すことで解決されていた。正規化特別措置は、政権の左右を問わず二〇〇五年までに計六回実施され、総計約一二〇万人が身分を正規化した。

二〇〇〇年には、移民の増加や政治的・社会的変化に後押しされる形で新法「二〇〇〇年外国人法」が制定された。その後、二〇〇〇年代を通じて法改正が重ねられ（二〇〇〇年、〇三年に二回、〇九年）、必要に応じて細則も付されていくこととなる（〇四年、一一年）。とくにアスナールを首相とする国民党（ＰＰ）政権の第二期（二〇〇〇～〇四年）には、外国人法がめまぐるしく改正された。この時期は移民流入激増の時代を迎えていたことから、政府は、移民をスペインの経済や労働市場に不可欠な存在というよりは治安や安全保障上の脅威として捉えていた(4)。ただ、二〇〇〇年代の移民政策は、受け身的だった一九九〇年代の政策に対して、他の先進受け入れ諸国の経験をふまえた措置を積極的に導入するという意味での「先取り型」に変化した（López Sala, 2013）。これはまず、より効率的な非正規移民対策や国境警備策が導入されたことによる。例えば、国境警備に関しては、ＥＵとの連携による海上警備が強化された。移民の雇用に関しては、正規移民の流入促進のために出身国における雇用契約制度が設置され、その際に国内労働市場の需要状況をより正確に予測するための職業別求人目録を県別に作成する措置などが取り入れられた。そして、これらの措置の導入にあたっては、結果的に、移民受け入れ先進諸国の経験をふまえたより効率的な施策を採ることができた。

また、移民政策の大きな二本の柱を出入国管理政策と社会統合政策と考えると、移民受け入れ初期においては、スペインの政策は、周辺の先行移民受け入れ諸国の圧力もあり、厳格な出入国管理政策や労働移民を対象とした流出入政策を中心としていた。しかし二〇〇〇年代になって移民の定住者が急増したため、これらの政策に加えて移民の社会統合についても包括的な政策を急遽打ち出さざるを得なくなった。この際に当初中心となったのは、地方自治体であった。スペインでは自治州国家制と呼ばれる地方自治制度が発達しており、医療、教育、住居、職業訓練、雇用といった移民の社会統合に関連する分野の全般もしくは大部分の権限を持っているのは一七の自治州である。こうしたことからも、移民流入初期には地方自治体レベルが主導で各自治州や市町村が独自の社会統合プランを実施していたが、これが後に国の包括的な政策へとつながった。

社会統合について国レベルで細やかな政策が実現するのは、二〇〇四年に社会労働党（PSOE）政権が成立して以降であり、移民に関する政策がさまざまなレベルの行政府や市民社会との協議、そして移民の出身国との協定を通じておこなわれるようになったことによる。とくに市民社会には、移民流入初期から自主的な支援活動をおこなっていた組織が存在していた。それらは、労働組合、カトリック教会関連団体、赤十字社、人権団体、移民保護団体などであった。そのため、移民の激増期に政府による移民の社会統合政策が急務となった際には、その政策決定過程でこれらの組織の代表が政策形成アクターとして深く関わるようになった。そして、経済急成長期と重なる第一期サパテーロPSOE政権期（二〇〇四〜〇八年）には、そこに潤沢な移民政策関連予算が充てられた。(5)

こうしたことから、各自治州の異質性を考慮した国レベルでの統合政策の包括的な枠組みがあり、(6)同時に統合政策に特化した助成金の創設によって各自治州を支援するという形がスペインの社会統合政策の特徴となっている。これは「パッチワーク・モデル」とも呼ばれ、スペイン独自の統合モデルであるとされている（Martínez de Lizarrondo Artola, 2009）。加えて、同モデルは、スペイン社会に存在する多様性や多文化性を認識し尊重しつつも、多様な文化に属する人々の間のコミュニケーション、批判的な対話、相互関係、相互作用を模索することを推進しようとするインターカルチュラリズムの性格を持っている（Cachón, 2009）。これは、市民社会と移民の相互合意をともなった「双方向からの統合」が強調されているためである。これにより、理念上とはいえ、EUの「統合に関する共通基本指針」の目標を達成した最初のケースは、結果的にスペインとなった。これは、スペインが主に一九九〇年代までの移民受け入れ先進諸国の経験を取り入れつつ、変容する現状に対応し、二〇〇〇年代半ばには短期間で統合政策を策定しようとしてきた結果、スペインの統合政策にいつのまにか同時代性を意識した双方向性やインターカルチュラリズムの考え方が盛り込まれ、他のヨーロッパ諸国の政策よりも先行した社会統合の形として表れてきたということである。

とはいえ、もちろんスペイン社会において移民に対する不信感は高まり続け、多くの人々が経済的には移民の必要性を感じつつも移民の急増に不安を抱くこともあった。そうした兆候に対しては、人権団体や労働組合などがそれを取り除こうと活発に活動してきた。例えば、アンダルシア州セビーリャ市にある移民保護団体「セビーリャ・アコヘ」で移民の教育や労働の支援をするタバレス氏は、二〇〇五年の非正規移民の正規化措置によって五〇万人以上が正規移民となった際、スペイン社会で非正規移民に対する不信感が高まっていることを危惧していた、と語る。実際、この措置に際しては、「不法移民の呼び寄せ効果につながる」と国内や周辺EU加盟国からも批判が相次いでいた。タバレス氏は、五年から一〇年ほどの間にスペイン社会に急激に移民が増加したため、一部のスペイン人が「移民は我々の職を奪う」と感じ、多くのスペイン人が「移民は必要だが歓迎はしない」と考えていることを懸念していた。そのため、彼は移民に対する教育活動だけではなく、スペイン人に対する教育活動として、移民の状況を伝える啓発プログラムを実施し、バックラッシュを抑えるバッファーとなろうとしていた(7)。

一方で、一九六〇年代以降に進んだ国内移民による労働者を多く受け入れていたバルセロナやマドリードのような大都市においては、市民社会レベルで、かつての国内移民流入の経験を活かした外国人移民への支援がおこなわれた。とくに労働組合は、過去に国外でもスペイン人労働者を組織していた経験から、一九九〇年前後の早期から移民としてスペインに来た労働者の支援をおこなっていた。主要な労働組合には移民部が設置され、移民労働者への支援や職業訓練だけではなく、スペイン人労働者に対しても、労働者としての権利や人権とともに移民の権利についての啓発プログラムが実施された。こうした形で、二〇〇〇年前後には移民流入数の増加にともなってスペイン人による移民保護団体や移民の自助団体が次々と創設され、このような団体の間には各地域で徐々にネットワークが形成されていった。そして、移民との共生が急がれるなかで、市民社会もそれを受け止めていったのである。

2．「寛容な」移民政策とその背景

これまで見てきたように、スペインでは短期間かつ早急に移民流入に対応せざるを得なかったが、結果的に移民受け入れ後発国として他諸国の経験をふまえた施策を講じることが可能であった。EC加盟時に外圧に迫られて立案した最初の外国人法は、厳格かつ制限的で、開放的と言える政策ではなく、その意味では他諸国が移民受け入れ初期に採ってきた規制的な姿勢と同様であった。一方で、その後二一世紀初頭にヨーロッパで最も多くの移民を受け入れ、非正規移民の大規模な正規化措置を実施したことなどから、スペインの移民政策は並外れて開放的で寛容な印象を与えてきた。だが、実際にはEUの基準に合わせた制限があることに変わりはない。左右政権の交代に際しても、その規制的な性格は変わることはなく、スペインの移民政策がとくに寛容であるとは言い難い。それでは、スペイン移民政策の特徴は何であろうか。そして、なぜ「寛容」と捉えられがちなのだろうか。それは、移民流入のタイミングにおける時代背景や歴史的文脈に加えて、次のような特徴と「後発性の利益」が見られる点にあるだろう。

第一に、二一世紀初頭のスペインへの移民急増の時期が、脱工業化と経済のグローバル化の時代と重なったことである。経済のグローバル化は国民国家の領域を超えて経済を拡大させ、資本がグローバルな主体として再構成された。それによって資本活動に必要な脱国家化された空間が付与されると同時に、超国家のもう一つの側面である労働の超国家化も起こった（サッセン、二〇〇四）。つまり、より資本の要求に合致するようなグローバル化時代の移民が発生したのである。複数のグローバリゼーションが進行しているとサッセンが述べているように、グローバル・シティには人が集まり、同時に、グローバル資本と移民労働が二つの主要な主体となって都市が二層化し続けた。スペインは、脱工業化の時代を経てグローバル化の時代を迎えた後のこうした時代に、大規模な労働移動を急速に受け入れる国となった。

第二に、二一世紀初頭には国際的な市民社会が拡大していただけではなく、第二次世界大戦以降の国際秩序のなかで規定されてきた人権や難民に関する国際人権レジームが国際法上で重要な論点となり、自由主義国家には人権に基づく政治が求められるようになっていたことである。それ以前の一九九〇年代には、例えばドイツやフランスなどで、移民規制をめざした政策が採られる一方で国籍や市民権に関する政策が拡大されるというように、移民の現実が受け入れられるようになっていたが(Hollifield, 1997)、二一世紀初頭には、この国際人権レジームにより移民受け入れ政策とその実践がますます大きな影響を受けていた。人権レジームの影響力の高まりはヨーロッパで顕著であり、人権を尊重しない国家の正統性の一部を侵すことができるほどとなっていた(サッセン、二〇〇四)。このなかで、非正規移民であっても基本的な権利が認められるような方向性が作られ、国際人権レジームに対する法治国家の説明責任も高まった。そうした時代を経て、市民(国民)と外国人を区別しない権利保障の必要性や普遍的な人としての権利の請求が可能とみなされる素地ができていた時期に、スペインは移民受け入れ国となり、政策にもその要素が求められた。

第三に、国内の時代背景として、初期の移民流入がポスト・フランコの時代であったことが重要である。一九七七年の四〇年ぶりの総選挙、翌七八年の憲法制定に続いて、移民が流入し始めた一九八〇年代は、民主主義の価値が高揚するなかで経済成長と福祉国家化が進められた時期であった。一九七〇年代末から八〇年代前半にかけては、首都マドリードを中心に、若者らが従来の社会的文化的価値観への対抗を映画、音楽、美術、文学などを通じて表現した「モビーダ」と呼ばれるカウンターカルチャーが盛んになり、マドリードの夜の開放的な雰囲気とともに独裁から民主主義への移行を象徴していた。こうした開放性を背景に初期の移民流入が始まり、市民社会はそれに対して柔軟に対応した。

第四に、その市民社会において、とくに雇用政策や経済分野で影響力を持っていた労働組合が移民流入に当初から反対の立場を示さなかったことである。この労働組合の姿勢は、スペイン人労働者の反移民感情を掻き立てなかった点において大きな影響があった。一般に、労働組合は、自国民の雇用保護や低賃金化への懸念から移民労働者の国内市場への流入について規制を訴えると考えられてきた。ところが、スペインへの移民流入が始まった一九八〇年代半ばには、スペイン労働組合はヨーロッパ諸国の戦後移民の経験を見てきたことから、また、脱工業化と経済のグローバル化時代に突入していたことから、すでに労働市場の二重性を完全に承知していた。つまり、移民労働者が自国の労働者と必ずしも競合しないことを理解していたのである。また、この時代に急速に成長したサービス産業には、低賃金職と高所得職の強い分極化が生じたが、同時に製造業部門の格下げが起こり、労働組合の存在しない工場が増大した（サッセン、二〇〇四）。労働組合が弱体化するなかで、労組自身も、労働争議や階級闘争によって何かを勝ち取るというよりも労働者の権利保障を掲げて訴える活動に力を注ぐ方が支持を得やすくなってきたことを感じ取り、人権擁護を唱えることにその存在意義を求めるよう変化していった。組織の衰退を回避するためにも、自国民労働者と移民労働者の対立ではなく、移民労働者を組織に取り込み、労働者全体の連帯による権利保障を訴える方針を模索したのである。もっとも、インフォーマル経済が広く根付いた二重労働市場が存在し、そこにインフォーマルな労働力が流入しやすい労働市場と、経営者にとっての安いフレキシブルな労働力確保、さらに移民労働者は自国の労働者が就きたがらないいわゆる3K職種に流れて棲み分けされているという相互依存の構造的な問題によって、労働市場だけでなくスペイン社会でも移民の流入が容易になったとも言える。一九九〇年代後半以降の経済成長とスペイン人の豊かな暮らしを守ってきたのは、スペイン人が就きたがらない職に就いてきた移民であり、移民がスペイン経済を支えているとの認識も多くのスペイン人が共有していた（Fundación Ideas, 2011）。

第五に、スペインが他ヨーロッパ諸国と異なる点であるが、それは一九六〇年代から七〇年代にゲストワーカーが帰国しないというショックを受けたドイツやフランスの経験をふまえ、一度受け入れた外国人労働者が帰国しないことを覚悟の上で受け入れられ始めたことである。たとえ当初は期間限定で雇用されたとしても、外国人労働者は移民として定着することになると認識された上で受け入れが始まったため、彼らが移民として定着することになってもショックは小さかったのである。

以上のように「寛容」と捉えられるスペイン移民政策の特徴を挙げてきたが、他方で、差別的な動機にもとづくエル・エヒード事件のような排外主義の言説は引き続き発生している。移民規制を掲げる政党も出現していて、二〇〇〇年代には地方議会で得票率数パーセントを得るのみであったが、二〇一〇年代後半には反ムスリム移民を主張の一つとするボクス（ＶＯＸ）が一五パーセントの得票率を得て国政に進出するなど支持を拡大している。

だがその一方で、「反ポピュリスト規範」(8)と呼ばれるものが作用している。それは票稼ぎのために政治家らが人種やエスニック、移民を脅威として利用しようとする姿勢を抑制する働きである。一九八〇年代という移民の流入初期、それはまだスペイン人自身の出移民の歴史的な経験が社会のなかにより鮮やかに生きていた時代でもあるが、ポスト・フランコ期における平等、連帯、コスモポリタニズムといった民主主義の理想的価値の受容とも相まって、スペイン人のなかにはこうした移民の脅威に対する抑制的な姿勢が強く見られた(Arango, 2002)。そしてこうした傾向は、二一世紀ヨーロッパの人権の時代にも受け継がれていると考えられる。

スペインで移民への敵視が生まれにくいもう一つの土壌となっているのが、カタルーニャやバスクなど地域ナショナリズムの存在である。スペイン国内に「スペイン人」であることを必ずしもよしとしない「他者」が存在すること、また内戦や独裁でスペインが二分された歴史的経緯もあって、二〇世紀の最後の数十年間には、スペイン・ナショナリズムがあまり強調されることはなかった。このような状況では、外国人を「敵」とする排外主義も生まれにくかった(Hazán, 2014)。さらに、移民流入の時期は、民主化のなかで地方分権体制の構築が進み、二〇〇〇年代以降もカタルーニャ州に代表されるように、地域ナショナリズムの活発な状況が続いている。この時期に国内で最も多様な移民を受け入れたカタルーニャでは、カタルーニャ地域主義の下、移民にカタルーニャ人としてのアイデンティティを再構築させることで彼らを包摂しようとする社会統合政策が採られた。そのため、同州の移民支援プログラムは、潤沢な予算とともに、カタルーニャ語習得をはじめとした非常に充実したものになっている。ただ、こうした地域主義に対抗する形でスペイン・ナショナリズムを称揚する勢力が徐々に拡大し、その主張の一つとして移民排斥を持ち出しているのも事実である。

三　経済危機後に社会はどう変わったか

一九九四年から続いていた好景気は、二〇〇七年の米国サブプライム・ローン危機や〇八年のリーマンショックの余波を受けて終わりを迎え、スペインは経済危機の時代に入った。それまでの高成長を支えていた建設業と不動産分野が〇七年半ば頃から陰りを見せ、〇八年に入ると一気に落ち込んだ。九月には世界金融危機の波がスペイン経済にも波及し、雇用が壊滅的な打撃を受けて失業率が急上昇した。〇九年第1四半期の解雇件数は七六万件で、なかでも移民労働者の解雇は二二万件を超え、移民労働者全体の失業率は三〇パーセントにのぼった。とくに建設業に従事していた男性移民労働者が大量に失業者となった。

二〇〇八年の総選挙では、サパテーロ首相が率いるPSOEが再び勝利した。サパテロ政権の移民政策は、第一期（二〇〇四〜〇八年）には移民労働政策を深化させ、社会統合政策にも多大な投資をしたが、第二期（二〇〇八〜一一年）になると移民の流入管理と非正規移民対策が目立つようになった（Garrido, 2014）。経済危機のただなかで実施された二〇一一年の総選挙ではＰＰが勝利して政権交代がおこなわれ、ラホイ政権が誕生した。ラホイ政権の課題は経済危機への対応であり、移民政策への関心は明らかに薄らいだ（Arango, Moya and Oliver, 2014）。経済危機下で新規に流入する移民も減少したため、二〇一〇年代の移民数はそれ以上増えることはなかった。ラホイ政権は目立った移民政策を実行するわけではなく、むしろ沈黙を貫いた。他方で、国家予算は大幅な緊縮財政が強いられているとして、とくに移民の社会統合とその支援団体への補助金は大幅に削減された。顕著な例としては、ＰＳＯＥ前政権時代の二〇〇七〜一〇年の四年間に二〇億ユーロ規模で取られていた移民の社会統合に関する国家予算が、二〇一二年以降凍結されている。

経済危機後に経済停滞が長期化した二〇一一〜一八年の時期には、経済状況に期待ができないなかで、経済的にうまくいかない状況にあっても政府の支援がなく助けが得られないため、自身の日常生活や人生に価値を見出すことが困難となった人々が増加した。他方で、世界的な産業社会の変容とともに、スペインにおいても社会の個人化が進んだ。それにより自己決定の領域が広がる一方で、地域や職場における多様な中間組織での集団としての結びつきが弱まり、人間関係が希薄化した。社会のネットワークに組み込まれていない人々が増加し、孤独が社会問題として深刻になった時期でもあった。こうしたなかで、地域や職場において、日常的に移民者と直接会って話をしたり同じ空間で協働する機会が少なくなると、移民者が何をしているのか、何を考えているのかわからず、疑心暗鬼になる場面が多くなりがちである。移民者と直接の接触の機会を持たない人々は、マスメディアやＳＮＳで情報を得る傾向があるが、そこでは犯罪報道や補助金不正受給などのネガティブな事項が取り上げられることも多い。そうすると、移民者との距離の遠さがさらに不信につながる悪循環ともなってしまう。こうしたことに対しては、何らかの事件や問題が発生した際に移民者を認識するのではなく、日常的な関係を構築して結びつきを強める必要性がみとめられてきた。二〇〇〇年代の社会統合政策が示したように、双方向もしくは複数の方向に交錯するなかで関係性が編まれてきたのであり、誰もが移民者になる可能性を孕む時代だからこそ、こうした関係性が影響力を持つとも言えるだろう。

こうしてスペインは移民受け入れ国となったが、移民送り出し国としての歴史が存在し、二一世紀にもそのような側面が変化しながら存続している。実際、国外におけるスペイン人移民の存在は過去の話ではない。二〇一二年において、国外で暮らすスペイン人移民からのスペイン国内への送金額は約五九億ユーロであり、前年比三・六パーセント増加した。一方で、スペインで暮らす外国人による同年の国外送金額は六四億ユーロであり、ピークだった二〇〇六年の八九億ユーロを大きく下回った。もっとも国外からの送金額は国家予算の一パーセントに満たない割合ではあるが、これは今日でもスペインが国外への移民を「抱えた」国であることを意味する。

そして、近年再び、国外に出るスペイン人移民が話題となっている。経済のグローバル化が進み、世界各国内で格差が拡大し固定化するなかで、とくに経済危機を経た国内労働市場で周縁化された主に若年層が、グローバルな経済格差を見据えながら、閉塞的な現状を打開するために海外移住を選択する現象が見られる。スペインにおいても、経済状況と国内労働市場という構造的な要因と、将来への展望や自己実現という個人的な要因を天秤にかけた上で国外移住を選ぶ若者が出てきているのである。とくに情報技術（ＩＴ）や医療分野の専門職にある若者たちが、経済危機下の国内では満足に就職できないことから国外に移住するケースが増加している。そうした新たなスペイン人移民たちが、自分たちは国内労働市場でうまくいかず、リスクを冒して「不本意に」移民する選択をせざるを得なかったと訴える「マレア・グラナテ」のような連帯運動も発生している。(9)

そして、二〇二〇年の新型コロナウイルス感染の世界的な拡大は、人の移動に極めて大きな影響を及ぼした。防疫という理由で各国が国境封鎖策を採ったため、とくに国境を越える人々の移動は突如大きく制限されることとなった。隣国モロッコ政府は、感染者数が急増するヨーロッパ大陸からの人の流入を制限するとして早々に国境を封鎖し、スペイン人に対しても入国を拒否した。かつてはアフリカ大陸からの不法移民の入国阻止のためにスペイン政府が懸命に国境柵を建設したモロッコ国境において、このような策がモロッコ側より打ち出されたことに対して、スペイン人は驚愕することとなった。それにより、今度はモロッコ人が不法に国境柵を越えてスペインからモロッコに帰国するようになるなど、さらにスペイン人が驚くような移動も発生した。これは、人の移動とは何か、人は何のために移動するのかについての示唆的な出来事であろう。

おわりに

スペイン社会は、いくつかの「危機」を経験しながらも、二一世紀の大規模な移民流入におおむね柔軟に対応してきた。その間には、移民受け入れ先進諸国の経験をふまえた策を採ることが可能であった一方で、他の移民受け入れ国が経験してきたのと同様に移民に対する不信感や排斥の言説も発生した。この間にスペイン社会に通底していたのは、かつてのスペイン人自身の出移民の経験であろう。スペイン人たちの誰もが、一九八〇年代頃までといったそう遠くない過去に家族や近しい人たちが移民として外国に出て行った記憶を持っていた。そのため、移民者への連帯感を抱く人々が多く、移民の人権にも敏感であった。近年は、世代交代が進み、この記憶が薄らいでいくなかで、経済危機の影響などによって再びスペイン人自身が移民となる経験が上書きされている。今後は、すでにスペインに定着した移民がさらに他の国に移民するケースも増えていくだろう。

一般的に「移民」というと経済格差を背景とする移動と捉えられてきたが、現在では外国人もスペイン人も情報網と移動手段を駆使しつつ、よりよい生活や人生を追い求めて移動している。このように常に移動し続けている世界では、人を移民か自国民かにカテゴリー化することの意味をあらためて考えさせられる。さまざまな条件が重なりあったなかで、二一世紀のスペインという地で人々が交錯しているというのが実状だろう。スペインという地から出ていった人、戻ってきた人、流入してきた人、通過していく人、これから出ていく人などのすべての人々が、スペインにおける移民として存在し、その存在と経験はこれからもスペイン社会を有機的に変え続けていくのである。

（1）「モーロ」はイスラム教徒、とくにモロッコ人の蔑称として用いられる。
（2）“Cientos de vecinos de El Ejido atacan a los inmigrantes y destrozan sus locales,” *El País*, el 7 de febrero de 2000.
（3）フランシスコ・チェカ氏に対する筆者によるインタビュー（二〇一四年）より。
（4）実際、それまで移民政策は主に労働省の管轄下にあったが、二〇〇〇年五月に治安や警察を担う内務省に主要な管轄が移された。
（5）FAAIIRE (Fondo de Apoyo a la Acogida y la Integración de Inmigrantes y Refuerzo Educativo), 2005.
（6）PECI (Plan Estratégico de Ciudadanía e Integración), 2007.
（7）エステバン・タバレス氏に対する筆者によるインタビュー（二〇〇五年）より。
（8）Freeman, 1995.
（9）暗赤色（グラナテ）のスペインのパスポートを持って国外に出た人波（マレア）から名づけられた。

【出典・参考文献】

ALTED, Alicia and ASENJO, Almudena (eds.), *De la España que emigra a la España que acoge*, Madrid, Fundación Francisco Largo Caballero, 2006.
ARANGO, Joaquín, “La fisonomía de la inmigración en España,” *El Campo de las ciencias y las artes*, no.139, 2002, pp.237-262.
ARANGO, Joaquín, MOYA, David and OLIVER, Josep, “2013: ¿Un año de transición?,” *Inmigración y emigración: mitos y realidades*, Joaquín Arango, David Moya, Josep Oliver (eds.), Barcelona, CIDOB, 2014.
ARROYO MENÉNDEZ, Millán, “Las causas del apoyo electoral a VOX en España”, Política y *Sociedad*, no.57(3), 2020, pp.693-717.
CACHÓN RODRÍGUEZ, Lorenzo, *La “España inmigrante”:*

Marco discriminatorio, mercado de trabajo y políticas de integración, Barcelona, Anthropos, 2009.
CALVO BUEZAS, Tomás, *Inmigración y racismo: Así sienten los jóvenes del siglo XXI*, Madrid, Cauce Editorial, 2000.
CHECA, Francisco (ed.), *El Ejido: La ciudad cortijo: Claves socio-económicas del conflicto étnico*, Barcelona, Icaria editorial, 2001.
FREEMAN, Gary P., "Modes of Immigration Politics in Liberal Democratic States" *International Migration Review* 29, no.4, 1995, pp.881-902.
FUNDACIÓN IDEAS, *La contribución de la inmigración a la economía española. Evidencias y perspectivas de futuro*, Madrid, Fundación Ideas, 2011.
GARRIDO, Pedro, *Inmigración y diversidad cultural en España: Su gestión desde la bonanza económica a la crisis*, Madrid, Editorial Fundamentos, 2014.
GIL ARAUJO, Sandra, "Políticas migratorias y relaciones bilaterales España-América Latina," *Inmigración latinoamericana en España: El estado de la investigación*, Anna Ayuso, Gemma Pinyol (eds.), Barcelona, Fundació CIDOB, 2010.
HAZÁN, Miryam, "Spain: The Uneasy Transition from Labor Exporter to Labor Importer and the New Emigration Challeng", *Controlling Immigration: A Global Perspective*, James Frank Hollifield, Philip L. Martin, Pia M. Orrenius (eds.), Stanford, Stanford University Press, 2014.
HOLLIFIELD, James Frank, "Immigration and Integration in Western Europe: A Comparative Analysis", in *Immigration into Western Societies: Problems and Policies*, Emek M. Uçarer, Donald James Puchala (eds.), London, Pinter, 1997.
LÓPEZ SALA, Ana María, "Managing Uncertainty: Immigration Policies in Spain during Economic Recession (2008-2011)", *Migraciones Internacionales* 7, no. 2, 2013, pp.39-69.
MARTÍNEZ DE LIZARRONDO ARTOLA, Antidio, "La integración de inmigrantes en España: el modelo patchwork", *Migraciones*, no. 26, 2009, pp.115-146.
ZAPATA-BARRERO, Ricard, *Inmigración, innovación política y cultura de acomodación en España: Un análisis comparativo entre Andalucía, Cataluña, la Comunidad de Madrid y el Gobierno Central*, Barcelona, Edicions Bellaterra, 2004.
サッセン、サスキア（田淵太一他訳）『グローバル空間の政治経済学——都市・移民・情報化』岩波書店、二〇〇四年。

	スペイン（文化・社会）
	自由教育学院創設 (～ 1940).
	「27 年世代」の詩人・知識人の活動活発化. 『夢見るための物語』（マリア・テレサ・レオン）、『噴水』（コンチャ・メンデス）.
	パリ万博で《ゲルニカ》展示.
	「フランシスコ・フランコ国民文学賞」授与開始（～ 1975). 『パスクアル・ドゥアルテの家族』（カミーロ・ホセ・セラ).
	ダリ、アメリカから帰国. 第１回イスパノアメリカ・ビエンナーレ（マドリード）開催.
	『勇敢なる者たち』（ヘスース・フェルナンデス・サントス).

関連事項年表

年代	国際関係・スペイン（政治・経済）
1874	第一共和政崩壊．復古王政成立．
1876	
1881	
1893	
1898	米西戦争、スペイン大敗．
1901	リーガ（カタルーニャ地域主義連盟）結成．
1903	
1904	
1914	マンクムニタット（カタルーニャ4県連合体）発足． 第一次世界大戦勃発（～1918）．
1922	カタルーニャ独立派組織「アスタット・カタラ」結成．
1923	プリモ・デ・リベーラ独裁政権成立（～1930）．
1927	
1928	
1931	市町村議会選挙で共和派が圧勝、第二共和政樹立．
1932	カタルーニャ自治憲章成立．
1936	スペイン内戦勃発（～1939）．
1937	ゲルニカ爆撃．ハラマ川の戦い．
1939	第二次世界大戦勃発（～1945）、スペインは中立．
1940	
1942	
1946	国連総会、フランコ政権批判決議．
1947	国家元首継承法成立．
1948	
1951	
1953	米西協定締結．ヴァチカンとの政教協約締結．
1954	

第3回イスパノアメリカ・ビエンナーレ、「スペイン現代絵画・彫刻の先駆者」展（バルセロナ）開催.
『ハラマ川』（ラファエル・サンチェス・フェルロシオ）. 学生の反体制運動激化.
ピカソ、「ラス・メニーナス」連作制作.

ピカソ美術館開館（バルセロナ）.

『レヒオンに帰れ』（フアン・ベネー）.
『憂愁の記憶』（マリア・テレサ・レオン）.
労働争議の増大.

ミロ財団一般公開（バルセロナ）.

《ゲルニカ》スペインに返還.

バルセロナ五輪・セビーリャ万博開催.

1955	スペイン、国連加盟.
1956	
1957	
1959	経済安定化計画の導入.「戦没者の谷」公開. ETA（祖国バスクと自由）結成.
1963	
1966	新出版法（フラガ法）成立.
1967	
1970	
1971	
1973	オイルショック発生（「奇跡の経済発展」の終わり）.
1975	フランコ死去. フアン・カルロス 1 世即位.
1977	41 年ぶりの民主的総選挙実施. 特赦法とモンクロア協定成立.
1978	現行スペイン憲法成立.
1979	カタルーニャとバスクで自治州成立.
1981	
1986	ヨーロッパ共同体（EC）加盟.
1992	
2000	外国人移民の増加. エル・エヒード事件.
2005	同性婚制法化.
2007	いわゆる「歴史的記憶法」成立.
2008	リーマン・ショックと世界金融危機発生.
2014	フェリペ 6 世即位.
2020	民主的記憶法成立.

【基本文献案内】

ここでは各章のテーマに関連した基本的な文献、日本でも比較的入手が容易なものを紹介する。

第一章

奥野良知（編著）『地域から国民国家を問い直す―スコットランド、カタルーニャ、ウイグル、琉球・沖縄などを事例として』明石書店、二〇一九年。

田澤耕『物語カタルーニャの歴史―知られざる地中海帝国の興亡』中公新書、二〇〇〇年。

立石博高『歴史のなかのカタルーニャ―史実化していく「神話」の背景』山川出版社、二〇二〇年。

立石博高・奥野良知（編著）『カタルーニャを知るための50章』明石書店、二〇一三年。

立石博高・中塚次郎（編）『スペインにおける国家と地域―ナショナリズムの相克』国際書院、二〇〇二年。

BALCELLS, Albert, *Breve historia del nacionalismo catalán, Madrid*, Alianza Editorial, 2004.

第二章

加藤伸吾「スペイン『歴史記憶法』の成立過程（2004～2008年）」『外務省調査月報』二〇〇八年度四号、二〇〇九年、一―二八頁。

セスク（画）、モンセラー・ローチ（著）（山道佳子・潤田順一・市川秋子・八嶋由香利訳）『発禁カタルーニャ現代史』現代企画室、一九九〇年。

立石博高（編）、中塚次郎・合田昌史（著）『スペイン・ポルトガル史　下』山川出版社、二〇二二年。

細田晴子『戦後スペインと国際安全保障—米西関係に見るミドルパワー外交の可能性と限界』千倉書房、二〇一二年。

武藤祥『「戦時」から「成長」へ—一九五〇年代におけるフランコ体制の政治的変容』立教大学出版会、二〇一四年。

CASANOVA, Julián, *The Spanish Republic and Civil War*, Cambridge, Cambridge University Press, 2010.

PRESTON, Paul, *The Spanish Holocaust: Inquisition and Extermination in Twentieth-Century Spain*, London, Harper Press, 2012.

第三章

磯山久美子『断髪する女たち—一九二〇年代のスペイン社会とモダンガール』新宿書房、二〇一〇年。

砂山充子「戦争とジェンダー—スペイン内戦の場合」姫岡とし子・長谷川まゆ帆ほか『ジェンダー』（近代ヨーロッパの探求一一）、ミネルヴァ書房、二〇〇八年。

立石博高（編著）『概説　近代スペイン文化史—18世紀から現代まで』ミネルヴァ書房、二〇一五年。

GÓMEZ-BLESA, Mercedes, *Modernas y vanguardistas. Las mujeres-faro de la Edad de Plata*, Madrid, Ediciones Huso, 2019.

第四章

大髙保二郎（監修・著）『スペイン美術史入門─積層する美と歴史の物語』ＮＨＫブックス、二〇一八年。

リチャードソン、ジョン（木下哲夫訳）『ピカソⅠ　神童　一八八一―一九〇六』白水社、二〇一五年。

Arte Protegido. Memoria de la Junta del Tesoro Artístico durante la Guerra Civil (cat.exp.), Madrid, Museo del Prado, 2009.

CABAÑAS BRAVO, Miguel, *La Política artística del Franquismo*, Madrid, Consejo Superior de Investigaciones Científicas, 1996.

Campo cerrado. Arte y poder en la posguerra española. 1939-1953 (cat.exp.), Madrid, Museo Nacional Centro de Arte Reina Sofía, 2016.

Pabellón Español. Exposición Internacional de París 1937 (cat.exp.), Madrid, Museo Nacional Centro de Arte Reina Sofía, 1987.

VIDAL OLIVERAS, Jaume, *Galerismo en Barcelona. El sistema, el arte, la ciudad*, Barcelona, Associació de Galeries Art Barcelona, 2013.

第五章

ガルシア・ロペス、ホセ（東谷穎人・有本紀明共訳）『スペイン文学史』白水社、一九七六年。

佐竹謙一『概説スペイン文学史』研究社、二〇〇九年。

――『スペイン文学案内』岩波書店、二〇一三年。

AYALA, Francisco, *La cabeza del cordero*, Madrid, Cátedra, 2006（松本健二・丸田千花子訳『仔羊の頭』現代企画室、二〇一一年）

CELA, Camilo José, *La colmena,* Madrid, Real Academia Española, 2016（会田由・野々山ミナコ訳『蜂の巣』白水社、一九六五年）.

DELIBES, Miguel, *Cinco horas con Mario,* Madrid, Austral, 2018（岩根圀和訳『マリオとの五時間』彩流社、二〇〇四年）.

GIL CASADO, Pablo, *La novela social española (1920-1971),* Barcelona, Editorial Seix Barral, 1973.

——— *La novela deshumanizada española (1958-1988),* Barcelona, Anthropos, 1990.

LAFORET, Carmen, *Nada,* Madrid, Cátedra, 2020（木村裕美訳『なにもない』河出書房新社、二〇一八年）.

MARTÍN SANTOS, Luis, *Tiempo de silencio,* Barcelona, Editorial Seix Barral, 2013.

第六章

加藤伸吾「スペイン民主化に関する歴史叙述の主体及び歴史学的研究の拠点と視座の多様化：G. Pasamar 著、*La Transición española a la democracia ayer y hoy* (Madrid, Marcial Pons, 2019) を起点として」『スペイン史研究』（36）、二〇二二年、二九―三四頁。

齊藤明美「スペイン民主化期におけるフェミニズム運動の展開とその変容（１９７５―１９８２）」『駒澤大学総合教育研究部紀要』（11）、二〇一七年、五七―一〇七頁。

永田智成『フランコ体制からの民主化―スアレスの政治手法』木鐸社、二〇一六年。

RADCLIFF, Pamela Beth, *Making Democratic Citizens in Spain: Civil Society and the Popular Origins of the Transition, 1960-78,* London, Palgrave Macmillan, 2011.

RADCLIFF, Pamela Beth, *Modern Spain: 1808 to the present,* New Jersey, Wiley-Blackwell, 2017.

第七章

ALTED, Alicia y ASENJO, Almudena, eds., *De la España que emigra a la España que acoge,* Madrid, Fundación Francisco Largo Caballero, 2006.

CACHÓN RODRÍGUEZ, Lorenzo, *La "España inmigrante": Marco discriminatorio, mercado de trabajo y políticas de integración,* Barcelona, Anthropos, 2009.

あとがき

本書が出版される二〇二三年は、ピカソの没後ちょうど五〇年にあたり、欧米各地で記念の展覧会や行事が開催されている。ピカソの代表作《ゲルニカ》は戦争という破壊的な暴力を描いたものであり、少々見えにくいが、平和を象徴する小鳥（鳩？）が叫びをあげている姿も描き込まれている。小鳥といえば、二〇世紀を代表する世界的なチェリスト、パウ・カザルスについてもピカソと同じく没後五〇年である。コンサートの最後には必ずカタルーニャの古い民謡『鳥の歌』を演奏した。ピカソもカザルスも亡命先で死去し、ついに故郷スペインに帰ることができなかった。

《ゲルニカ》はスペイン内戦後、ずっとニューヨーク近代美術館（ＭＯＭＡ）に保管されていたが、フランコ将軍の死去後、スペインが民主化しつつあった一九八一年に、ピカソの遺言に従ってスペインへ返還された。共和国側の敗戦で亡命を余儀なくされていた人々はすでに続々と帰国していたので、《ゲルニカ》は帰還した「最後の亡命者」と呼ばれた。まさに二〇世紀スペインを象徴する絵画である。一九六〇年代にベトナム反戦運動が盛り上がったときには、《ゲルニカ》が平和の象徴として掲げられ、そして現在、ロシアによるウクライナ侵攻で、私たちは再びこの絵画の訴える意味を厳しく問われている。《ゲルニカ》は過去の悲劇だけはなく、現在進行中の、そして人間にこれからも降りかかってくる悲劇をも象徴している。私たちは未来の展望のきかない難しい時代に生きている。しかし、スペインもかつて内戦や独裁という厳しい時代を経験した。そうした状況下でもたくましく生き抜いてきたスペイン人の姿を、本書が少しでも伝えることができたなら幸いである。

二〇世紀スペインを再検討する本を出したいという私の着想に、慶應義塾大学の日吉キャンパスで働くスペイン研究者たちが快く賛同し、忙しい時間を割きながら原稿を執筆してくれた。私は今年で定年を迎え、長かった日吉での生活に別れを告げる。それだけに、この本書が出版できた喜びはひとしおである。後に残る同僚たちがこれからも互いに切磋琢磨しつつ、素晴らしい研究成果を発信し続けることを願っている。また、この企画に辛抱強くつき合い、適切な助言を与えてくれた慶應義塾大学出版会の乗みどり氏に、改めて感謝の意を表したい。

八嶋由香利

二〇二三年八月四日

〈事　項〉

マ行

ラ行

索　引

〈人　名〉

積層する美と歴史の物語』（共著、NHK ブックス、2018年）、『もっと知りたいミロ—生涯と作品』（共著、東京美術、2022年）、ほか。

丸田千花子（MARUTA, Chikako）
慶應義塾大学経済学部准教授。慶應義塾大学法学部卒業、米国コロンビア大学大学院博士課程修了、Ph.D.（スペイン文学）。専門分野：20世紀スペイン文学。主要著作："A New Readership for the Exiled Writers : Evolution of Francisco Ayala's Post-War Novels",『言語文化コミュニケーション』50号（2018年）、「『仔羊の頭』における内戦の全景と断片」『イスパニカ』56号（2012年）、『仔羊の頭』（共訳、現代企画室、2011年）、ほか。

深澤晴奈（FUKASAWA, Haruna）
慶應義塾大学商学部准教授。東京大学大学院総合文化研究科博士課程単位取得退学、博士（学術）。専門分野：スペイン現代政治・社会。主要著作：『新・世界の社会福祉　第４巻　南欧』（共著、旬報社、2019年）、『国境を越えるラテンアメリカの女性たち—ジェンダーの視点から見た国際労働移動の諸相』（共著、晃洋書房、2019年）、ほか。

執筆者紹介（掲載順）

八嶋由香利（YASHIMA, Yukari）※編者
慶應義塾大学経済学部教授。東京大学大学院総合文化研究科後期博士課程単位取得退学ほか、博士（学術）。専門分野：スペイン近現代史。主要著作：『近代都市バルセロナの形成―都市空間・芸術家・パトロン』（共著、慶應義塾出版会、2009年）、『西洋近代の都市と芸術6 バルセロナ―カタルーニャ文化の再生と展開』（共著、竹林舎、2017年）、ほか。

加藤伸吾（KATO, Shingo）
慶應義塾大学経済学部専任講師。スペイン国立遠隔教育大学大学院修了。修士（国際関係論）、高等研究学位（政治・社会思想史及び政治・社会運動史）。専門分野：スペイン現代史。主要著作：«Los 'valores emancipadores' de los españoles en el Tardofranquismo. Los sondeos de la época reexanimados (1969-1975)», en Mónica Fernández Amador (coord.), Historia de la transición en España. Dimensión internacional y otros estudios, 2019, Madrid: Sílex, págs. 741-759；『共生社会の再構築Ⅱ：デモクラシーと境界線の最定位』（共著、法律文化社、2019年）、ほか。

坂田幸子（SAKATA, Sachiko）
慶應義塾大学文学部名誉教授。名古屋大学大学院文学研究科博士後期課程単位取得退学、博士（文学）。専門分野：スペイン語圏の文学。主要著作：『ウルトライスモ―マドリードの前衛文学運動』（国書刊行会、2010年）、『世界文学へのいざない』（共著、新曜社、2020年）、ほか。

松田健児（MATSUDA, Kenji）
慶應義塾大学商学部教授。マドリード・コンプルテンセ大学大学院地理・歴史学部博士課程単位取得退学、DEA（現代美術史）。専門分野：スペイン美術史。主要著作：『スペイン美術史入門―

スペイン　危機の二〇世紀
――内戦・独裁・民主化の時代を生きる

2023年9月25日　初版第1刷発行

編著者――――八嶋由香利
発行者――――大野友寛
発行所――――慶應義塾大学出版会株式会社
〒108-8346　東京都港区三田2-19-30
ＴＥＬ〔編集部〕03-3451-0931
〔営業部〕03-3451-3584〈ご注文〉
〔　〃　〕03-3451-6926
ＦＡＸ〔営業部〕03-3451-3122
振替 00190-8-155497
https://www.keio-up.co.jp/
装　丁――――鈴木衛
【カバー写真】「軍事訓練を受ける共和国側の女性兵士たち（1936年）」（提供：AFP＝時事）、「スペイン国旗を振る市民（バルセロナ）」「9月11日のナショナルデーでカタルーニャ独立旗を振る市民（バルセロナ）」（撮影：八嶋由香利）
組　版――――株式会社キャップス
印刷・製本――中央精版印刷株式会社
カバー印刷――株式会社太平印刷社

Printed in Japan ISBN978-4-7664-2914-5

慶應義塾大学出版会

第一次世界大戦への道
――破局は避けられなかったのか

ウィリアム・マリガン著／赤木完爾・今野茂充訳　大国間の平和はなぜ失われたのか。各国の国内情勢、外交の諸相、指導者の言動、軍部の計画や認識、世論の動向などの分析を通じて明快に解き明かす。大国が世界規模で複雑に交錯する現代にこそ、学ぶべき「歴史の教訓」がちりばめられた一冊。

定価 3,520 円（本体 3,200 円）

ナチズムは再来するのか?
――民主主義をめぐるヴァイマル共和国の教訓

アンドレアス・ヴィルシング他編／板橋拓己・小野寺拓也監訳　世界で最も民主主義的な憲法をもちながらも、わずか14年でナチスに破壊されてしまったヴァイマル共和国と現在の状況との共通点とはなにか。現代社会を覆うポピュリズムに、歴史の経験から警鐘を鳴らす。定価 1,980 円（本体 1,800 円）

カール・クラウスと危機のオーストリア
――世紀末・世界大戦・ファシズム

高橋義彦著　オーストリア／ハプスブルク帝国の危機～ナチスの脅威に向き合い、それを乗り越えようとした孤高の言論人、カール・クラウス（1874-1936）の思想と行動を読み解き、危機の時代のウィーンの政治的・文化的状況を浮き彫りにする。

定価 3,960 円（本体 3,600 円）

スペイン語の世界

岡本信照著　21ヶ国の公用語として、一大言語圏を形成するスペイン語の奥深い世界を描く、画期的入門書。写真・図版、コラムや年表、文献案内も充実。スペイン語の歴史や意外な語源、多様なスペイン語文学も紹介。　定価 1,760 円（本体 1,600 円）